天府砳宝图

四川省文物考古研究院
60年出土文物选粹

周科华　主编

文物出版社

装帧设计：李　猛

责任印制：陆　联

责任编辑：李缙云

图书在版编目（CIP）数据

天府藏宝图 ：四川省文物考古研究院60年出土文物选粹 / 四川省文物考古研究院编著. -- 北京 ： 文物出版社，2013.11
　ISBN 978-7-5010-3874-9

　Ⅰ．①天… Ⅱ．①四… Ⅲ．①出土文物－四川省－图录 Ⅳ．①K873.710.2

　中国版本图书馆CIP数据核字(2013)第249289号

天府藏宝图——四川省文物考古研究院60年出土文物选粹

编　　著　四川省文物考古研究院

出版发行　文物出版社
地　　址　北京市东直门内北小街2号楼
网　　址　www.wenwu.com
邮　　箱　web@wenwu.com
制版印刷　北京图文天地制版印刷有限公司
经　　销　新华书店
开　　本　889×1194　1/16
印　　张　15.25
版　　次　2013年11月第1版
印　　次　2013年11月第1次印刷
书　　号　ISBN 978-7-5010-3874-9
定　　价　260.00元

编辑委员会

文物是人类历史的见证、社会文明的结晶。

自 20 世纪初西方传教士在四川开展一些考古调查以来，四川考古已过百年。1953 年，四川省文物管理委员会成立，下设办公室负责全省业务工作。追溯及此，四川省文物考古研究院于 2013 年迎来了 60 周年华诞。在过去的 60 年征程中，四川省文物考古研究院在抢救文物、科研成果、人才培养等各方面硕果累累。

20 世纪五六十年代，伴随着国家大规模基本建设的展开，在党和政府的高度重视和亲切关怀下，文物部门积极开展考古调查、勘探和发掘，先后发掘了诸多重要遗址，如资阳人化石、昭化宝轮院船棺墓群、巴县冬笋坝战国墓地、彭县竹瓦街西周铜器窖藏等；发掘了巫山大溪遗址，并提出了四川史前文明的第一支考古学文化——大溪文化，古蜀文明之光初露端倪。

在之后的峥嵘岁月里，考古工作者风雨兼程，开创并不断拓展着四川考古事业向前迈进。伴随着考古人汗水和智慧的付出，考古新发现如同雨后春笋般涌现出来：成都凤凰山朱悦燫墓、后蜀皇帝孟知祥墓、涪陵小田溪战国土坑墓群等无数古代文明瑰宝的发现让人为之惊喜、为之陶醉。从三星堆祭祀坑器物群的震撼出世到罗家坝遗址出土文物的精彩亮相，无不吸引着世人的惊叹和无限遐想，冲击着世界对古巴蜀大地祖先们智慧的认知，也激发着生活在这片热土上子民们油然而生的自豪感和对祖先们伟大智慧和创造力的敬仰之情。

四川考古 60 年踏勘、发掘的古代遗址逾千处，发现了数十万件的文物标本。而这些承载着古蜀文明的文物标本，绝大部分是在基本建设的过程中得到抢救性发掘保护的。如配合基本建设的三峡、二滩、瀑布沟、向家坝等大型水电站；宝成、达成、成渝、兰成等铁路工程的文物调查和考古发掘都出土了极为重要的文物，取得了丰硕成果。正是在四川考古抽丝剥茧的还原工作中，古蜀文明的灿烂和辉煌在世人面前逐一展现，扑朔迷离、五彩缤纷的古蜀神话在精美绝伦的文物瑰宝中得到诠释。从大溪文化的发现到川西平原史前文明时空框架的构建；从岷江上游古蜀文明的探源到大渡河流域、安宁河流域、金沙江流域史前文明的探索发现。四川考古为多元一统的中华文明起源和发展过程的探索写下了浓墨重彩的一笔。

这些斐然成绩，得到了国内外考古学界的肯定和赞许。由四川省文物考古研究院主持发掘的三星堆遗址、忠县中坝遗址、华蓥南宋安丙家族墓地、金川刘家寨遗址等考古项目多次被评为全国十大考古新发现。《四川船棺葬发掘报告》、《三星堆祭祀坑》、《绵阳双包山汉墓》、《华蓥安丙墓》、《成都十二桥》、《中国文物地图集·四川分册》等杰出科研成果的发表都引起了学术界对相关领域深入研究的热潮。这些考古成果，凝结了几代四川考古人的心血。

四川考古的成就不仅体现在古蜀文明史的探索和研究方面，同时60年来的考古活动为全省各级博物馆、陈列展览馆等开放的公共教育机构提供了更多的实物资源，为四川的精神文明建设添砖加瓦。对于增强四川的文化建设，发掘传统历史文化内涵也起到了极为重要的作用。

《天府萌宝图》正是借四川省文物考古研究院成立60周年之际，对院里几十年来的考古工作的总结。所选文物具有三性：学术性——文物编选着力选择在各个历史阶段四川不同区域内重要遗址的极富时代特征、极具研究价值的代表器物；地域性——囊括了四川不同地区出土的器物；观赏性——作为科普图集，充分体现出了考古出土器物的艺术美感。此书的出版，能让读者大致了解四川省文物考古研究院几十年来的工作和科研成果，对四川考古史也有一定的了解和认识。既能满足学术圈内的交流，更重要的是能满足广大文博爱好者对文物的品鉴之需。

四川谓之"天府之国"，四川文博事业正值春天，未来的四川考古大有作为！我们希望借此书的出版，激发更多社会人士投身于文化遗产保护队伍中，促进我省文博事业健康发展！

四川省文物管理局局长

2013 年秋于成都

目 录

秦汉至南北朝时期

史前时期

　　四川省位于我国西南地区，北接秦巴山地，东靠重庆，南邻云贵高原，西衔青藏高原。境内东部丘陵较多，西部山地较多，以山地为主，丘陵次之，平原和高原少。河网密布，水系发达、气候宜人。特殊的地理环境造就了四川古代丰富多彩的文化面貌。

　　单位成立 60 年以来，四川史前考古在配合基本建设方面进行了多次考古调查和发掘。同时，为解决重大学术问题，也开展了一系列的主动考古发掘，在史前考古方面取得了较为丰硕的成果。

　　1951 年发现的资阳人头骨，揭开了四川古人类与旧石器时代考古的序幕，随后在资阳鲤鱼桥再次发现动植物化石和打制石器。2010 年，相距资阳人化石出土点 20 余公里的沱江上游龙垭遗址，出土了数千计动物化石和数百件打制石器，并出土三枚珍贵的穿孔骨器，丰富了沱江流域旧石器时代晚期遗存的材料。汉源富林遗址的考古发掘也发现了动物化石和打制石器，首次在四川确认了小石器传统工业。

几十年来，四川新发现的旧石器时代遗址还有攀枝花迴龙湾洞穴遗址、北川烟云洞遗址等，时代都是旧石器时代晚期，遍及盆周山地和盆中丘陵地区。

　　四川新石器时代考古遗存十分丰富，目前已发现的新石器时代遗址上百计，分布于境内各大水系，时代距今 6000 至 4000 年不等。结合地理位置和文化面貌大体可分为川东北、川南、川西和成都平原四个区域。

　　川东北地区调查、发掘的巴中月亮岩、通江擂鼓寨遗址等，分布于嘉陵江流域，整体文化面貌与峡江较为相似。

　　川南地区主要有安宁河流域的毛家坎、楼木沟、王家田和宜宾的石柱地、叫化岩等遗址。这些遗址既有金沙江下游特征，也与峡江地区新石器时代晚期遗存相似。

　　川西地区包含了岷江上游、大渡河中上游地区，这里与黄河上游接壤，发现的新石器时代遗址多数与甘青地区联系紧密。如姜维城、箭山寨、刘家寨等遗址。此外，丹巴的罕额依遗址早期遗存有少量马家窑文化彩陶因素，但其中晚期遗存却与马家窑文化相去甚远，体现出一种较为原始的土著色彩。汉源谷地是大渡河中游一个相对封闭的区域，这里发现较多新石器时代遗存，如麦坪、姜家屋基、大地头、摆渔村等遗址。以麦坪遗址为代表的此类遗存文化面貌既体现出与大渡河上游诸遗存的传承关系，同时也与金沙江下游遗存具有一定联系。

　　成都平原发现的新石器时代遗存以什邡桂圆桥和广汉三星堆一期文化为主要代表。桂圆桥遗址早期遗存与中原仰韶晚期文化面貌较为接近，其可能是目前在平原上发现的年代最早的遗存，其与周邻相关遗存的关系还有待进一步分析。

尖状器

旧石器时代
高 14.3、宽 11.1、厚 4.5 厘米
2010 年简阳龙垭遗址出土

天府珍宝图——四川省文物考古研究院 **60** 年出土文物选粹

尖状器
旧石器时代
高 14.3、宽 11.1、厚 4.5 厘米
2010 年简阳龙垭遗址出土

穿孔鹿齿坠饰

旧石器时代
高 3.4、宽 1.6、厚 0.9 厘米
2010 年简阳龙垭遗址出土

筒形彩陶瓶

新石器时代
高 17、口径 7.5 厘米
1975 年巫山大溪遗址出土

筒形彩陶瓶
新石器时代
高 17、口径 7.5 厘米
1975 年巫山大溪遗址出土

彩陶罐

新石器时代
口径 11.2、底径 10.5、高 14.4 厘米
1975 年巫山大溪遗址出土

彩陶罐

新石器时代
口径 10.3、底径 6.5、高 24.5 厘米
1975 年巫山大溪遗址出土

彩陶碗

新石器时代
口径 13.5、底径 8.2、高 9.9 厘米
1975 年巫山大溪遗址出土

侈口深腹陶罐

新石器时代

口径 33.5、底径 15、高 44.5 厘米

2009 年什邡桂圆桥遗址出土

侈口深腹陶罐

新石器时代

口径 33.5、底径 15、高 44.5 厘米

2009 年什邡桂圆桥遗址出土

小口尖底陶瓶

新石器时代
口径 10.8、最大腹径 28.4、高 49 厘米
2011 年金川刘家寨遗址出土

小口尖底陶瓶

新石器时代
口径 10.8、最大腹径 28.4、高 49 厘米
2011 年金川刘家寨遗址出土

提梁陶罐

新石器时代

口径 7.5、底径 5.2、高 12.3 厘米

2010 年汉源麦坪遗址出土

侈口束颈陶罐

新石器时代
口径 10、底径 4.5、高 9.2 厘米
2010 年汉源麦坪遗址出土

侈口束颈陶罐

新石器时代
口径 21.6、底径 9.2、高 25 厘米
1998 年忠县中坝遗址出土

天府瑰宝图——四川省文物考古研究院 60 年出土文物选粹

22

人面玉雕

新石器时代
高 6、宽 3.6 厘米
1959 年巫山大溪遗址出土

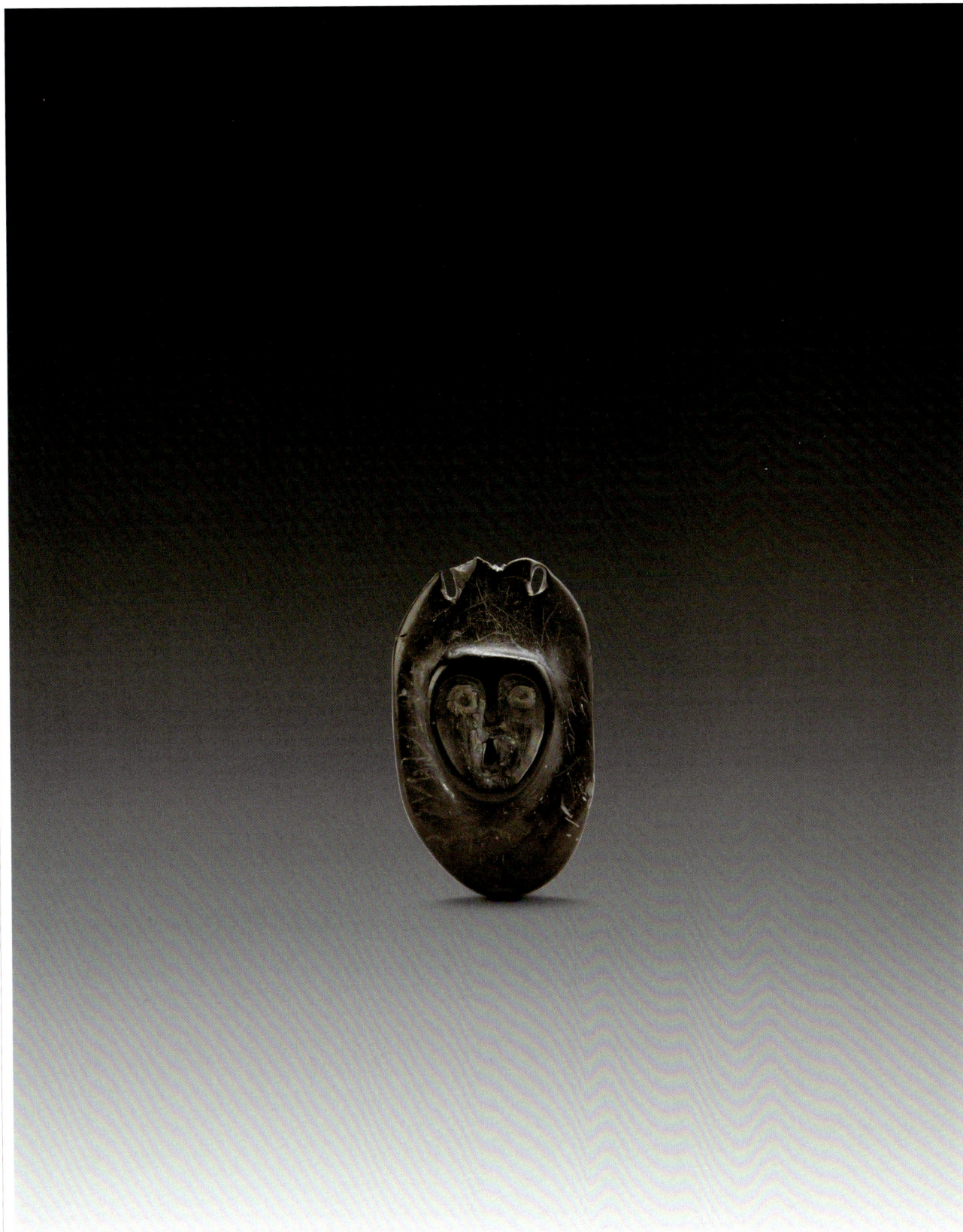

石锛

新石器时代
长 6.8、宽 1.9、厚 0.7 厘米
2011 年金川刘家寨遗址出土

穿孔石刀

新石器时代
长 9.3、高 4、厚 0.3 厘米
2011 年金川刘家寨遗址出土

穿孔石刀

新石器时代
长 9.3、高 4、厚 0.3 厘米
2011 年金川刘家寨遗址出土

穿孔石刀

新石器时代
长 16、高 4.4、厚 0.5 厘米
2009 年汉源麦坪遗址出土

石锛

新石器时代

高 9、宽 5、厚 1.2 厘米

2009 年汉源麦坪遗址出土

骨匕

新石器时代

长 10.8、宽 1.9、厚 0.2 厘米

2012 年金川刘家寨遗址出土

骨柄石刃刀

新石器时代
长 26.6、宽 2、厚 0.3 厘米
2011 年金川刘家寨遗址出土

骨笄

新石器时代
长 22.8、直径 1.4 厘米
2011 年金川刘家寨遗址出土

骨针

新石器时代
长 9.2、最大径 0.3 厘米
2012 年金川刘家寨遗址出土

新石器时代
长 9.2、最大径 0.3 厘米
2012 年金川刘家寨遗址出土

骨锥

新石器时代

长 13、最大径 0.7 厘米

2012 年金川刘家寨遗址出土

复合骨笄

新石器时代

长 7.2、直径 0.8 厘米

2012 年金川刘家寨遗址出土

商周时期

　　四川青铜时代约从夏商之际的三星堆文化，至公元前 231 年秦灭巴蜀后，一直延续到汉初。这一时期成都平原地区三种文化延续发展（三星堆文化—十二桥文化—晚期巴蜀文化），创造了灿烂的青铜文化。反映在考古学文化上，是丰富的青铜文化遗存、规模宏大的城址、神秘的青铜器等。同时成都平原以外的周边地区，各种文化或独立发展，或与成都平原文化互动，留下了与成都平原文化相映齐辉的文化遗产。

　　三星堆遗址几十年的考古工作，不断有新的发现，尤其是两个埋藏坑的发现，出土大量的铜、金、玉、石等质料的礼器、神器等，以及规模巨大的城垣，都显示出这一时期已进入文明社会，并且三星堆遗址就是当时的政治、经济、文化中心。三星堆文化是夏商时期四川青铜文化的代表，其分布主要集中在成都平原，以广汉三星堆遗址为代表，同时在大渡河中上游汉源谷地的麦坪遗址、摆渔村遗址等均发现有三星堆文化因素，说明其西南到达汉源；渝东峡江地区的忠县中坝等遗址亦发现有三星堆文化的器物，其东可到渝东峡江地区。三星堆文化的突出特征表现在大量的青铜器，青铜器中既包含中原地区的尊、罍、牌饰、盘、器盖等，又包含大量的本地土著青铜器，如人头像、站立人像、跪坐人像、人面具、兽面具、神树等，反映了蜀与商文化的交流。

从三星堆文化第四期开始，其政治中心已从沱江流域的三星堆古城迁到岷江流域的成都金沙村一带。十二桥文化是继三星堆文化之后发展起来的又一支考古学文化，两者之间既有联系又有区别。在成都郫江沿岸分布着多处十二桥文化遗址，而十二桥和金沙一带可能是十二桥文化的中心都邑所在。十二桥文化的范围更为广泛，向西扩展到陕西汉中一带，向南扩展到宜宾（如屏山石柱地遗址），向东扩展到大渡河中上游区域（如汉源麦坪、麻家山遗址等）。十二桥文化的突出特征表现在陶器中的尖底器上，同时彭县竹瓦街出土的铜器窖藏，包含了较多的周文化的特征，其中以罍和尊最为突出，且形成了"列罍"制度。

墓葬是晚期巴蜀文化最为重要的文化遗存，在成都平原及其以外的区域，均发现有成片的墓葬。如成都平原的新都马家墓、百花潭中学墓地等；川西地区的荥经同心村、烈太墓地；川南的屏山石柱地、沙坝墓地；川东的宣汉罗家坝、渠县城坝、广元宝轮院墓地等。晚期巴蜀文化可以明显的分为两个阶段，其中早期文化受楚文化的影响较深，晚期受秦文化影响较多。

古蜀王国的扩张，虽对周边区域的文化产生了影响，但似乎并未影响四川其他地域王国自身发展，岷江上游石棺葬、雅砻江中上游的石棺葬以及安宁河流域的大石墓等，均按照自身规律发展，四川青铜时代呈现出"多元"的态势。

陶盉

商代晚期
通高 20 厘米
1986 年广汉三星堆遗址出土

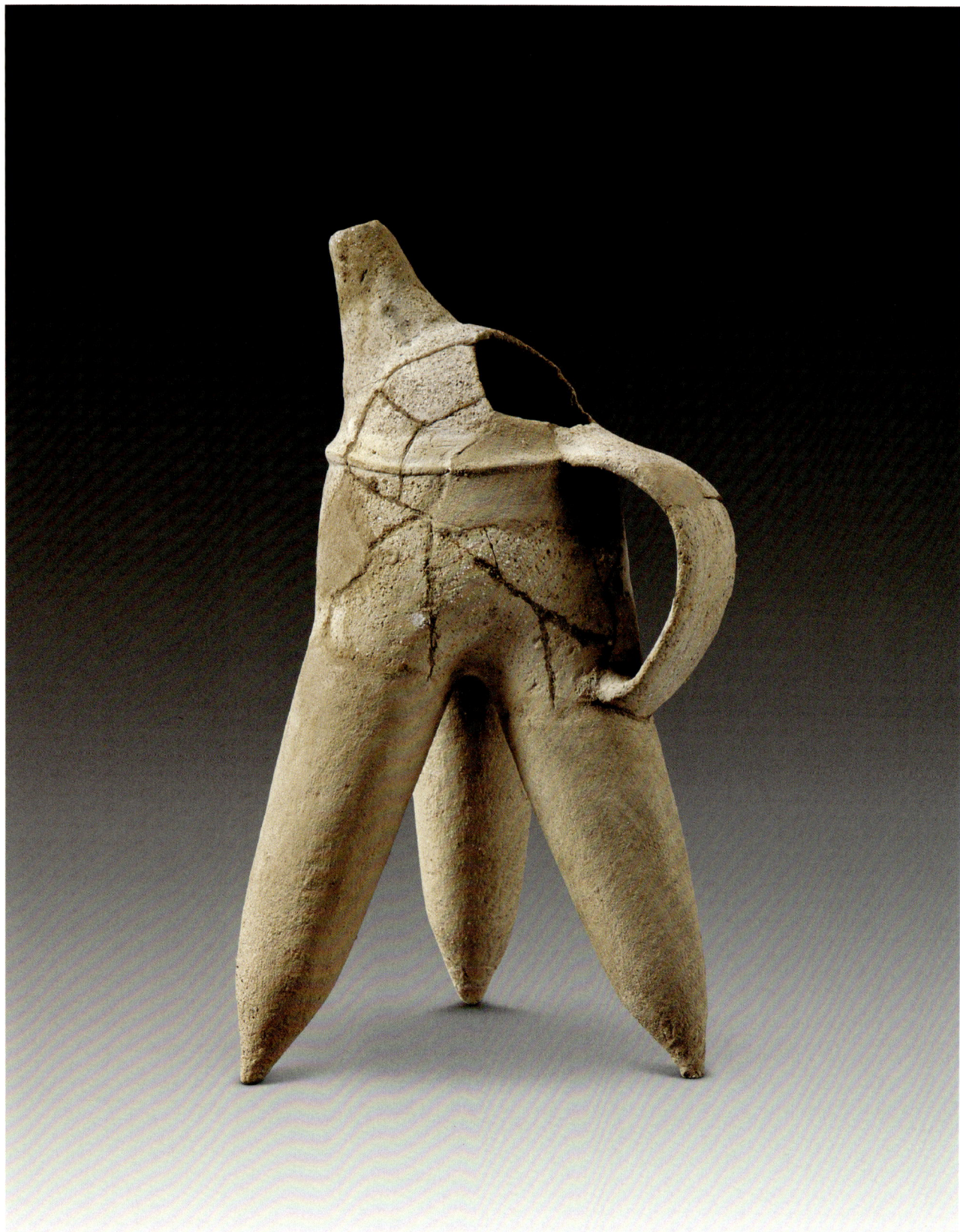

陶斝

商代晚期
口径 18.5、通高 37.7 厘米
1986 年广汉三星堆遗址出土

双耳陶杯

商代晚期
口径 15、通高 24.5 厘米
1986 年广汉三星堆遗址出土

高柄豆形陶器

商代晚期
口径 9、圈足径 17.8、通高 58.5 厘米
1986 年广汉三星堆遗址出土

高柄陶豆

商代晚期
盘口径 18、圈足径 16.7、通高 46 厘米
1986 年广汉三星堆遗址出土

小平底陶罐

商代晚期
口径 13.2、底径 3.2、通高 7.5 厘米
1986 年广汉三星堆遗址出土

鸟头陶勺把

商代晚期

残长 24.6 厘米

1986 年广汉三星堆遗址出土

陶瓦

商代晚期
残长 22、宽 32、高 5.2 厘米
2000 年广汉三星堆遗址出土

尖底陶罐

西周中期
口径 13.4、通高 11.2 厘米
2008 年汉源麦坪遗址出土

尖底陶瓶

西周中期
口径 9、通高 21 厘米
2008 年汉源麦坪遗址出土

圜底陶罐

春秋
口径 10、通高 12.2 厘米
2000 年忠县中坝遗址出土

双耳陶罐

战国晚~西汉

口径 9.4、通高 16 厘米

2006 年小金日隆石棺葬出土

陶罐

战国晚～西汉

口径 9.7、通高 11.8 厘米

2006 年小金日隆石棺葬出土

玉璋

商代晚期

长 68.2 厘米

1986 年广汉三星堆遗址二号坑出土

玉璋

商代晚期

长 54.2 厘米

1986 年广汉三星堆遗址二号坑出土

玉戈

商代晚期

长 39.7、援宽 9.4、内长 9.7 厘米

1986 年三星堆遗址一号坑出土

蜗旋状玉器

商代晚期
直径 7 厘米
1997 年广汉三星堆遗址仁胜墓地出土

天府佰宝图——四川省文物考古研究院 60 年出土文物选粹

玉矛

商周时期
长 15.6 厘米
2011 年屏山东岳庙遗址出土

玉矛

商周时期
长 15.6 厘米
2011 年屏山东岳庙遗址出土

有肩石斧

商周时期
宽 12.3、高 14.5 厘米
2011 年屏山石柱地遗址出土

天府陌宝图——四川省文物考古研究院 60 年出土文物选粹

石网坠

商周时期
高 12 厘米
2011 年屏山石柱地遗址出土

带金面具铜人头像

商代晚期
高 40.6 厘米
1986 年广汉三星堆遗址二号坑出土

带金面具铜人头像

商代晚期
高 42.5 厘米
1986 年广汉三星堆遗址二号坑出土

铜面具

商代晚期
宽 138、高 65 厘米
1986 年广汉三星堆遗址二号坑出土

铜面具

商代晚期
高 82.5、宽 78 厘米
1986 年广汉三星堆遗址二号坑出土

铜立人像

商代晚期
人像高 171、座高 90、通高 261 厘米
1986 年广汉三星堆遗址二号坑出土

铜神树

商代晚期

树干高 384、通高 396 厘米

1986 年广汉三星堆遗址二号坑出土

铜龙虎尊

商代晚期
口径 29、圈足径 22、通高 43.3 厘米
1986 年广汉三星堆遗址二号坑出土

四羊铜罍

商代晚期

口径 20.7、圈足径 18、通高 54 厘米

1986 年广汉三星堆遗址二号坑出土

羊头加环耳铜罍

西周

口径 21.8、腹径 32、通高 69.4 厘米

1959 年彭县竹瓦街窖藏出土

羊头饰大铜罍

西周

口径 26.8、腹径 41、通高 79 厘米

1980 年彭县竹瓦街窖藏出土

铜罍

西周

口径 21.8、腹径 32、通高 69.4 厘米

1980 年彭县竹瓦街窖藏出土

铜鼎

战国早期

口径 28.7、腹径 32、通高 27.8 厘米

1980 年新都马家公社出土

铜鼎

战国早期
口径 26、通高 29 厘米
2003 年宣汉罗家坝遗址 M33 出土

铜壶

战国早期
口径 13.4、腹径 26.5、通高 40 厘米
1965 年成都百花潭中学 M10 出土

铜罍

战国中期

口径 15.8、底径 18.6、通高 43 厘米

1985 年荥经同心村巴蜀船棺葬 M21 出土

铜缶

战国早期
口径 19.3、底径 17.6、通高 44.6 厘米
2003 年宣汉罗家坝遗址 M33 出土

凤鸟纹铜钫

战国
口径 10、通高 37.2 厘米
1953 年成都羊子山 M88 出土

天府皕宝图——四川省文物考古研究院 60 年出土文物选粹

铜甗

战国早期
口径 32、通高 38.6 厘米
2003 年宣汉罗家坝遗址 M33 出土

铜簠

战国早期

器口长 30.4、宽 22.8、通高 18 厘米

2003 年宣汉罗家坝遗址 M33 出土

铜壶

战国早期
口径 5、底径 10.4、腹径 20.4、通高 33 厘米
2003 年宣汉罗家坝遗址 M2 出土

铜豆

战国早期
口径 18.4、底径 10.4、通高 20.4 厘米
2003 年宣汉罗家坝遗址 M33 出土

天府佰宝图——四川省文物考古研究院 60 年出土文物选粹

铜浴缶

战国早期
口径 23、底径 22、通高 35 厘米
2003 年宣汉罗家坝遗址 M33 出土

铜虎纽錞于

战国晚期

口径 14.7，通高 41.8 厘米

1972 年涪陵小田溪 M2 出土

铜钲

战国晚期

通高 40.5 厘米

1972 年涪陵小田溪 M2 出土

铜钺

西周

长 16.2、宽 12.6 厘米

1980 年彭县竹瓦街窖藏出土

铜矛

西周
身长 23.5、骹长 8.5、通长 32 厘米
1959 年彭县竹瓦街窖藏出土

铜矛

战国中期
骹长 2.8、銎径 2.8、通长 21.9 厘米
1985 年荥经同心村巴蜀船棺葬 M1 出土

铜戈

战国早期
援长 16、内长 6、内宽 4、通长 22 厘米
2003 年宣汉罗家坝遗址 M33 出土

铜戈

战国早期
援长 17、内长 8、内宽 5、通长 25 厘米
2003 年宣汉罗家坝遗址 M33 出土

铜戈

战国早期
援长 19.2、内长 7、内宽 4.8、通长 26.2 厘米
2003 年宣汉罗家坝遗址 M33 出土

铜戈

战国早期

援长 16.3、内长 8、内宽 5.4、通长 24.3 厘米

2003 年宣汉罗家坝遗址 M33 出土

铜戈

商代晚期

援长 15.5、阑宽 8、内宽 3.7、通长 21.9 厘米

2008 年炉霍宴尔龙遗址 M8 出土

铜戈

战国晚期
援长 15.2、通长 21.3 厘米
2012 年泸定伞岗坪墓地出土

天府佰宝图——四川省文物考古研究院 60 年出土文物选粹

铜带鞘双剑

战国早期

长 19、宽 5.6~8 厘米

2003 年宣汉罗家坝遗址 M33 出土

"山"字格铜剑

战国晚期

通长 41.2 厘米

2012 年泸定伞岗坪墓地出土

铜削刀

战国中期
通长 33 厘米
2012 年罗江船棺葬墓出土

铜刀

战国早期

长 23.6、刃宽 6.4 厘米

1980 年新都马家公社出土

铜凿

战国早期
长 23.6、刃宽 2.4 厘米
1980 年新都马家公社出土

铜匕

战国早期
长 24.4 厘米
1980 年新都马家公社出土

铜镜

战国
直径 6 厘米
2009 年炉霍呷拉宗遗址出土

铜玺

战国中期
边长 3.5、厚 0.2 厘米
1992 年什邡船棺葬 M21 出土

铜玺

战国中期
直径 3.8、通高 0.8 厘米
2003 年宣汉罗家坝遗址 M25 出土

铜玺

战国中期

长 3.8、宽 2.8、通高 1 厘米

2003 年宣汉罗家坝遗址 M24 出土

铜带钩

战国

通长 6.8、腹宽 2.1 厘米

2011 年屏山石柱地墓地出土

铜带钩

战国
通长 12.6、腹宽 3.2 厘米
2011 年屏山沙坝墓地出土

铜带钩

战国中期
通长 14.5、腹宽 4.5 厘米
1992 年什邡城关船棺葬墓出土

秦汉至南北朝时期

秦汉时期是中国历史上一个重要的时期，是汉文化形成和发展的主要时期。这一时期也是巴蜀文化发生重大变化的时期。秦灭巴蜀以后，先后置巴郡和蜀郡，采用移民和宽容的民族政策，促使了巴蜀地区经济、文化、社会的发展。西汉初期，巴蜀地区对西汉王朝的建立以及维护地方稳定作出了积极的贡献，促使秦的民族政策得以延续至西汉初年。秦时期的墓葬主要集中在成都、广元和荥经，广元和荥经均为军事重地，广元是中原通往巴蜀的必经之地，而荥经是打通西南夷的窗口，这两地均存在大量的秦人墓，青川郝家坪墓地和荥经曾家沟墓地就是这一段历史的直接反映。成都羊子山墓地出土大量的青铜容器和兵器，其出土器物很难和战国时期的器物区分，这与秦至西汉初中央政府对巴蜀地区实施的特殊民族政策有关。

汉武帝时期，是巴蜀文化发生重大变革的时期，汉文化开始在全国蔓延，巴蜀地方的士族开始兴起，对于四川地区的影响深远。以绵阳双包山汉墓为代表的规模较大、结构复杂的墓葬就是这一时期的典型代表。与此同时西南丝绸之路的开发促使了以汉文化为主的各民族的大发展。而荥经和汉源是西南丝绸之路的重镇，荥

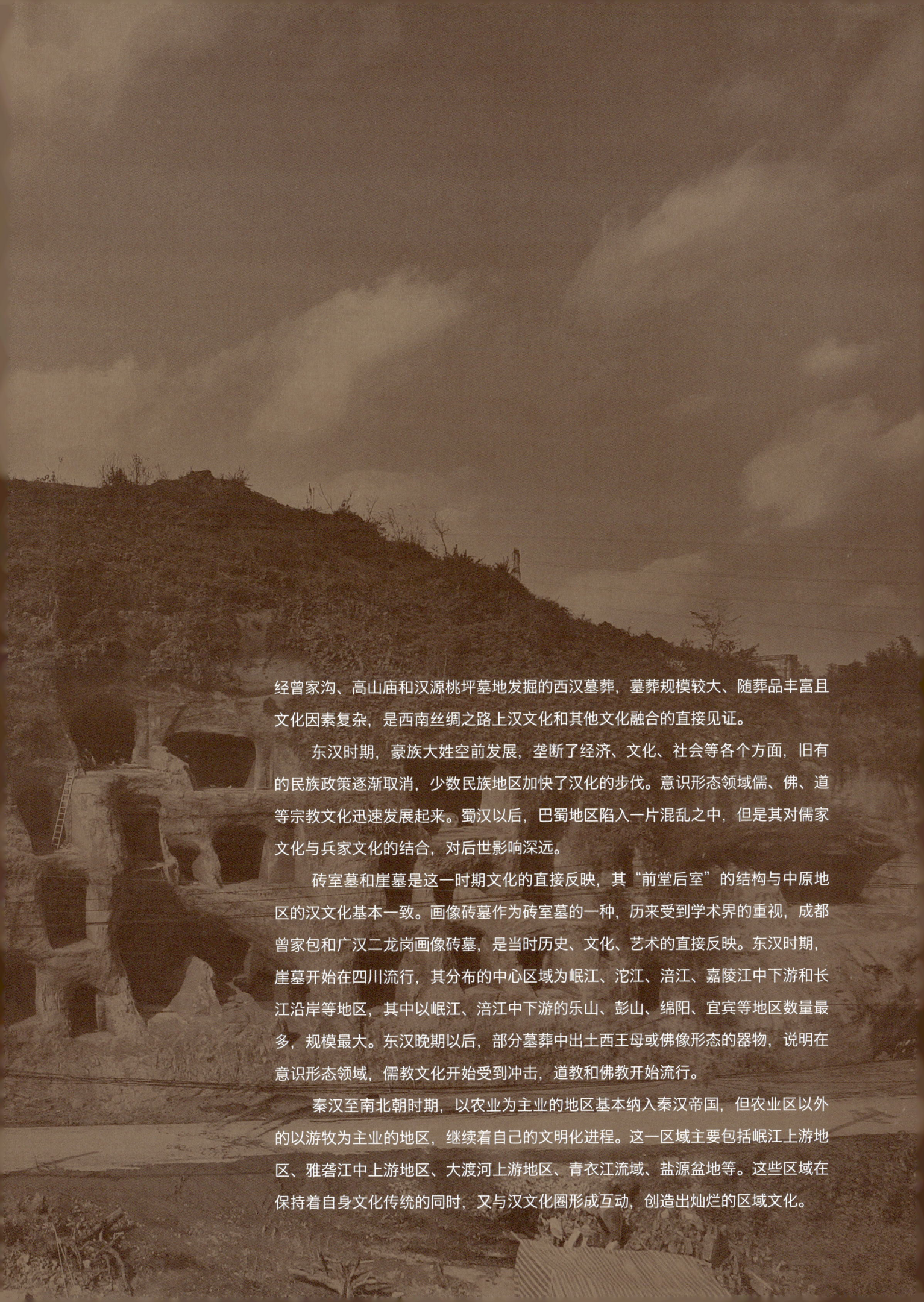

经曾家沟、高山庙和汉源桃坪墓地发掘的西汉墓葬，墓葬规模较大、随葬品丰富且文化因素复杂，是西南丝绸之路上汉文化和其他文化融合的直接见证。

东汉时期，豪族大姓空前发展，垄断了经济、文化、社会等各个方面，旧有的民族政策逐渐取消，少数民族地区加快了汉化的步伐。意识形态领域儒、佛、道等宗教文化迅速发展起来。蜀汉以后，巴蜀地区陷入一片混乱之中，但是其对儒家文化与兵家文化的结合，对后世影响深远。

砖室墓和崖墓是这一时期文化的直接反映，其"前堂后室"的结构与中原地区的汉文化基本一致。画像砖墓作为砖室墓的一种，历来受到学术界的重视，成都曾家包和广汉二龙岗画像砖墓，是当时历史、文化、艺术的直接反映。东汉时期，崖墓开始在四川流行，其分布的中心区域为岷江、沱江、涪江、嘉陵江中下游和长江沿岸等地区，其中以岷江、涪江中下游的乐山、彭山、绵阳、宜宾等地区数量最多，规模最大。东汉晚期以后，部分墓葬中出土西王母或佛像形态的器物，说明在意识形态领域，儒教文化开始受到冲击，道教和佛教开始流行。

秦汉至南北朝时期，以农业为主业的地区基本纳入秦汉帝国，但农业区以外的以游牧为主业的地区，继续着自己的文明化进程。这一区域主要包括岷江上游地区、雅砻江中上游地区、大渡河上游地区、青衣江流域、盐源盆地等。这些区域在保持着自身文化传统的同时，又与汉文化圈形成互动，创造出灿烂的区域文化。

陶女庖厨俑

蜀汉

高 43 厘米

1981 年忠县涂井崖墓出土

陶听琴俑

蜀汉
高 40 厘米
1981 年忠县涂井崖墓出土

陶说唱俑

东汉

高 66.5 厘米

1963 年郫县宋家林砖室墓出土

陶佛像

东汉
高 27.8 厘米
2012 年南溪长顺坡崖墓出土

陶佛像

东汉
高 27.8 厘米
2012 年南溪长顺坡崖墓出土

陶房模型

蜀汉
长 60、宽 14.5、高 50 厘米
1981 年忠县涂井崖墓出土

陶房模型

蜀汉

长 51.6、宽 14、高 45 厘米

1981 年忠县涂井崖墓出土

陶房模型

蜀汉
长 68、宽 22、高 61 厘米
1981 年忠县涂井崖墓出土

陶云纹瓦当

西汉
直径 14.4 厘米
2012 年梓潼西坝遗址出土

陶云纹瓦当

西汉

直径 15.6 厘米

2012 年梓潼西坝遗址出土

陶云纹瓦当

西汉

直径 16 厘米

2012 年梓潼西坝遗址出土

陶市井画像砖

东汉
长 48.3、宽 39.5、厚 6 厘米
1975 年成都土桥曾家包墓出土

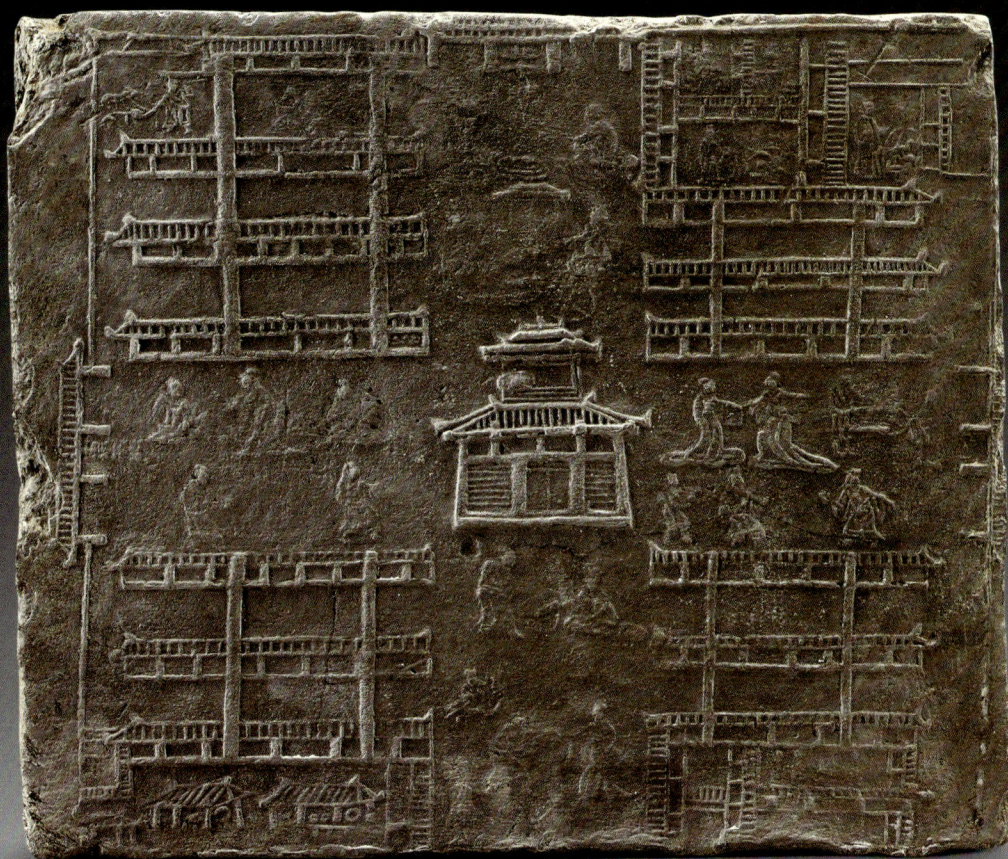

陶西王母画像砖

东汉
长 45.5、宽 43.3、厚 5 厘米
1955 年新都新繁镇清白乡出土

陶传舍画像砖

东汉
长 40、宽 25 厘米
1996 年广汉二龙岗墓地出土

陶鞲鹰画像砖

东汉
长 26、宽 9 厘米
1996 年广汉二龙岗基地出土

琥珀虎形饰

西汉

长 2.2、宽 1.1、高 1.8 厘米

2009 年汉源桃坪墓地出土

琥珀兽形饰

西汉

长 3.1、宽 1.6、高 2.2 厘米

2009 年汉源桃坪墓地出土

琥珀鸟形饰

西汉
长 2.2、宽 1.7、高 2.2 厘米
2009 年汉源桃坪墓地出土

玉璧

西汉

外径 6.9、孔径 3.4、厚 0.4 厘米

1995 年广汉二龙岗墓地出土

玉珌

西汉

宽 6、高 1.3 厘米

1995 年广汉二龙岗墓地出土

石摇钱树座

东汉晚期
高 32 厘米
1981 年渠县城坝遗址出土

石持锸俑

东汉

高 66 厘米

1977 年峨眉山双福乡出土

天府庙宝图——四川省文物考古研究院 60 年出土文物选粹

石抚琴俑

东汉
高 54.5 厘米
1977 年峨眉山双福乡出土

背屏式观音菩萨石造像

南朝梁

宽 37、高 44 厘米

1954 年成都万佛寺遗址出土

背屏式释迦牟尼石造像

南朝梁
宽 30.3、高 35.8 厘米
1954 年成都万佛寺遗址出土

铜博山炉

西汉
盘底直径 27.5、通高 32 厘米
2009 年汉源桃坪墓地 M74 出土

铜提梁壶

西汉
宽 10、高 10.3 厘米
2009 年汉源桃坪墓地 M74 出土

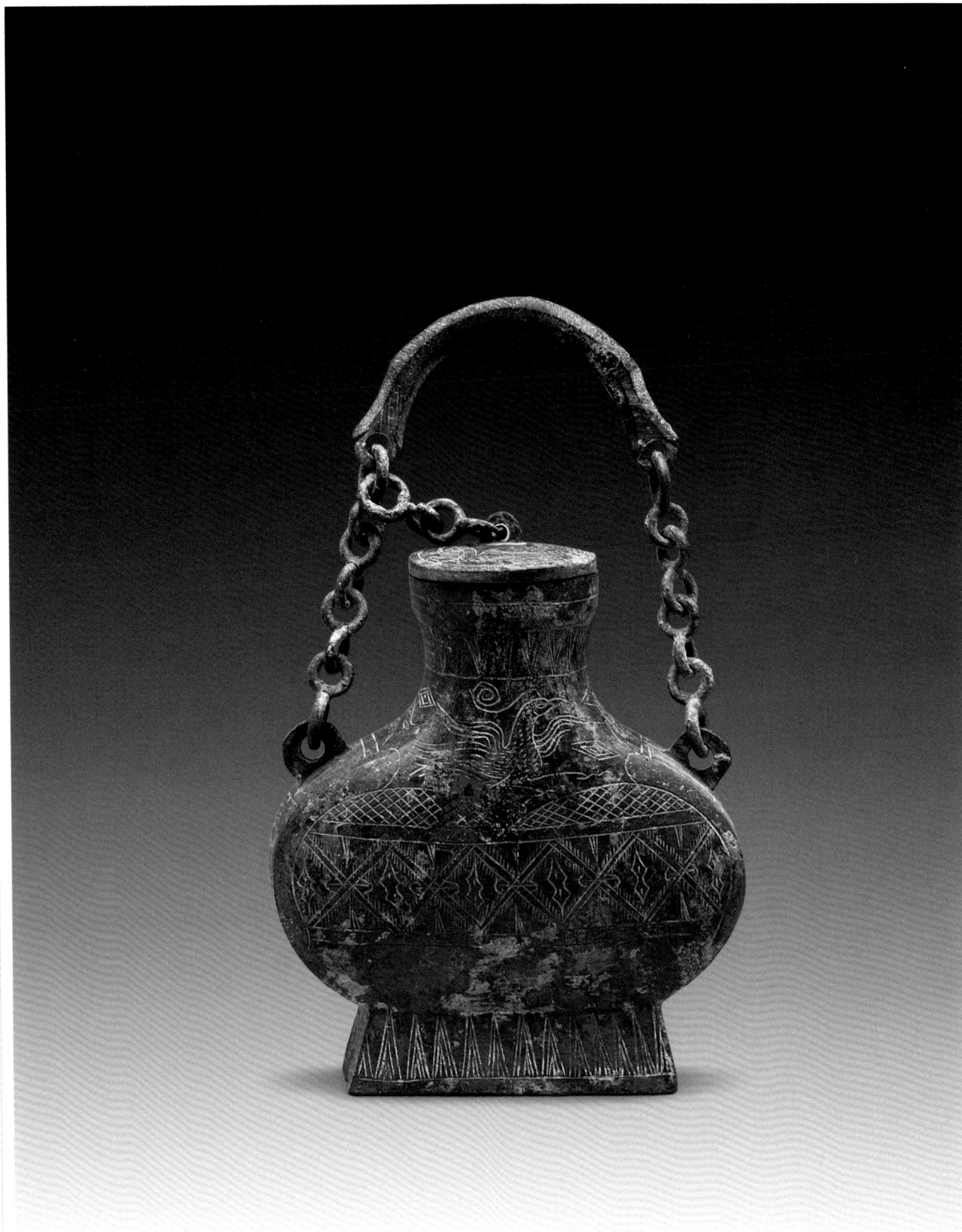

铜鐎壶

西汉

通高 16.5 厘米

2009 年汉源桃坪墓地 M74 出土

铜蒜头壶

西汉早期
口径 3.4、底径 13.7、通高 37.6 厘米
2010 年荥经高山庙墓地出土

铜灯

西汉中期
通高 14.4 厘米
2005 年渠县城坝遗址出土

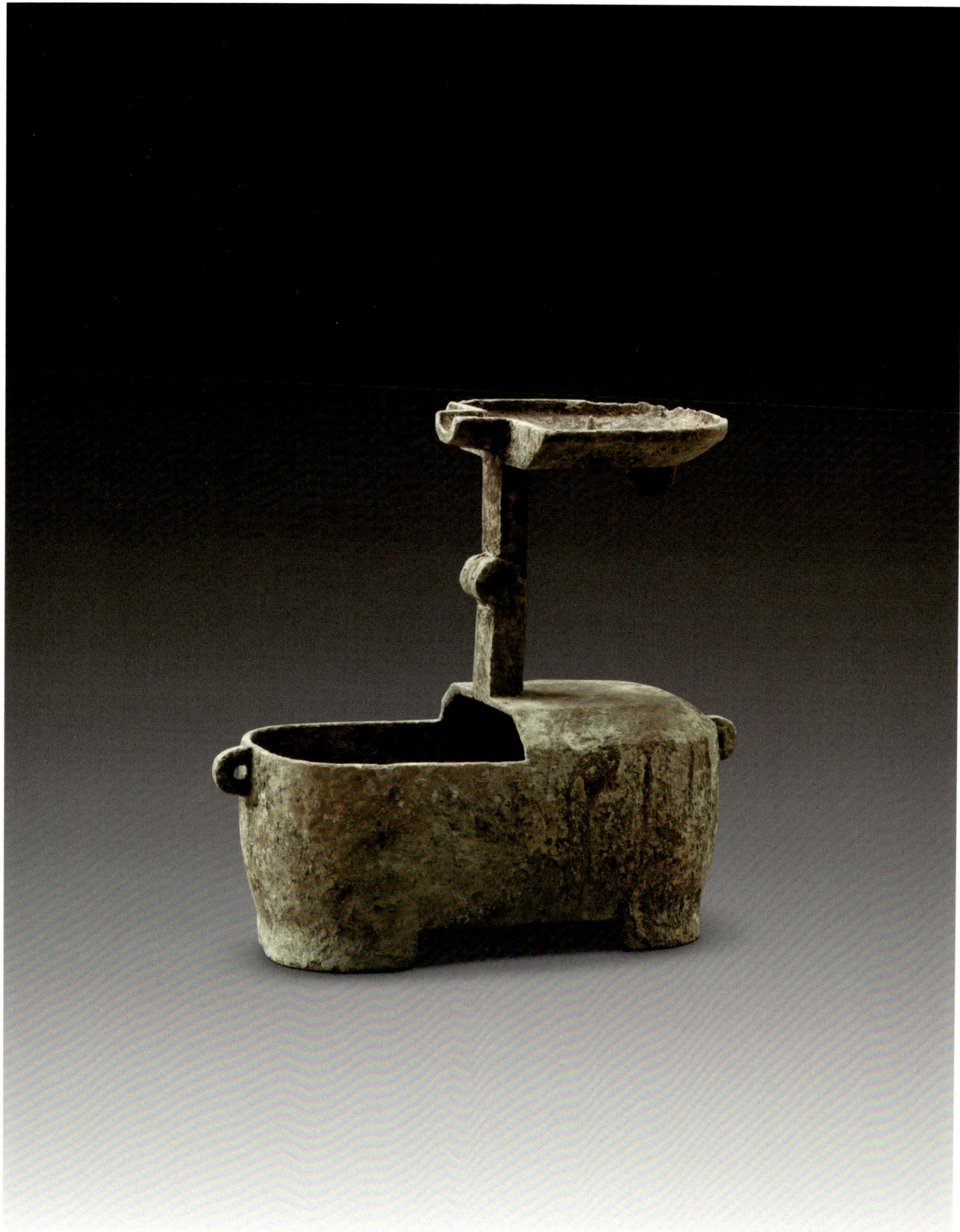

铜车马

西汉中期
通高 114 厘米
2006 年资阳兰家坡墓地出土

铜摇钱树枝

东汉晚期
长 26.8、宽 6.5 厘米
2010 年资阳狮子山崖墓出土

铜镜

西汉晚期
直径 10.5、厚 0.2 厘米
2009 年汉源桃坪墓地出土

铜镜

东汉晚期
直径 17.3、厚 0.6 厘米
2010 年资阳狮子山崖墓出土

铜镜

东汉晚期
直径 7.3、厚 0.4 厘米
2010 年绵阳桐子梁崖墓出土

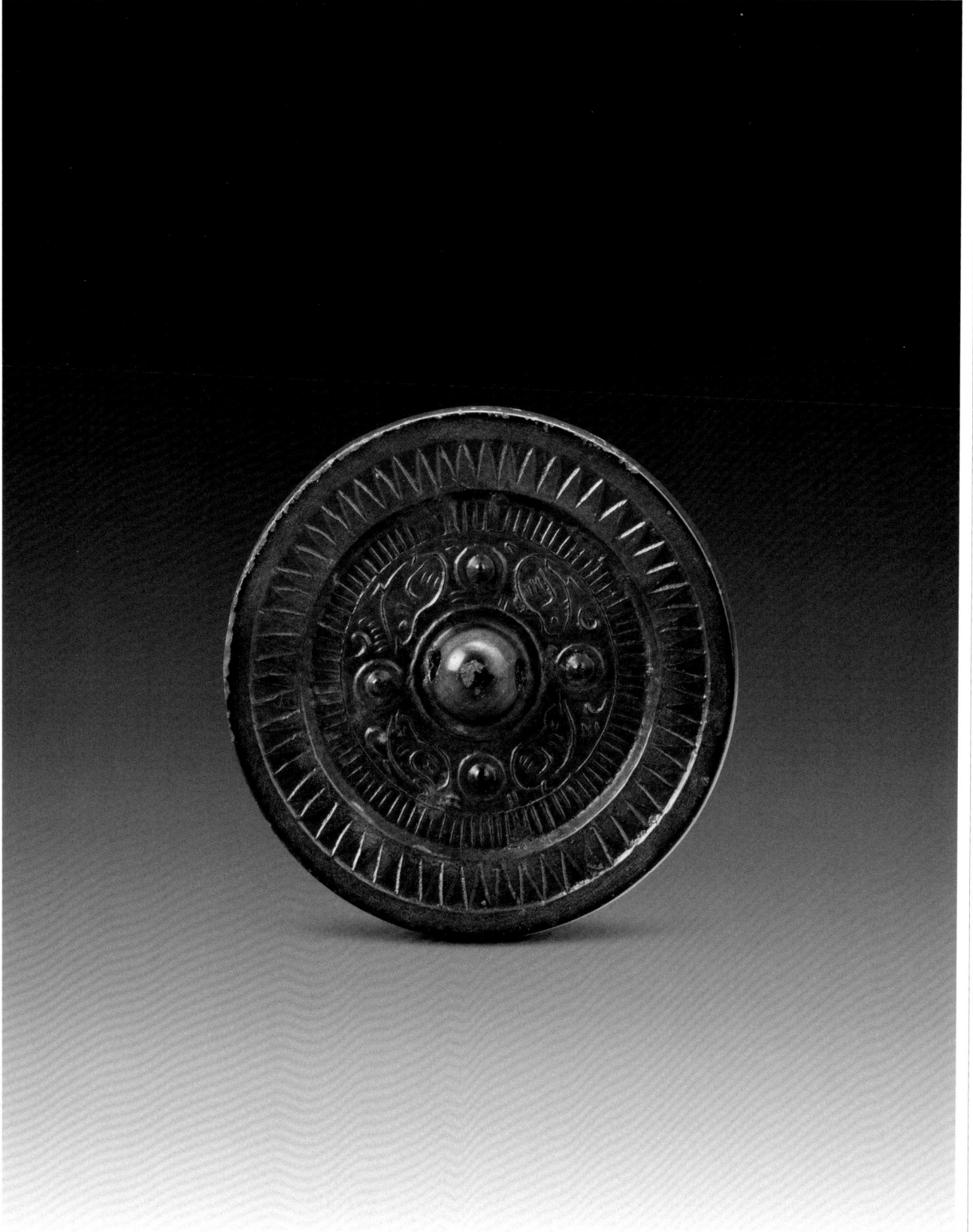

铜俑

东汉晚期
高 37.6 厘米
2010 年资阳狮子山崖墓出土

铜俑

东汉晚期

高 39.5 厘米

2010 年资阳狮子山崖墓出土

铜俑

东汉晚期

高 39.5 厘米

2010 年资阳狮子山崖墓出土

铜印章

西汉早期
长 1.85、宽 1.8、高 1 厘米
2010 年屏山沙坝墓地出土

木牍

秦

长 46、宽 2.5 厘米

1979 年青川郝家坪墓地出土

天府晗宝图——四川省文物考古研究院 60 年出土文物选粹

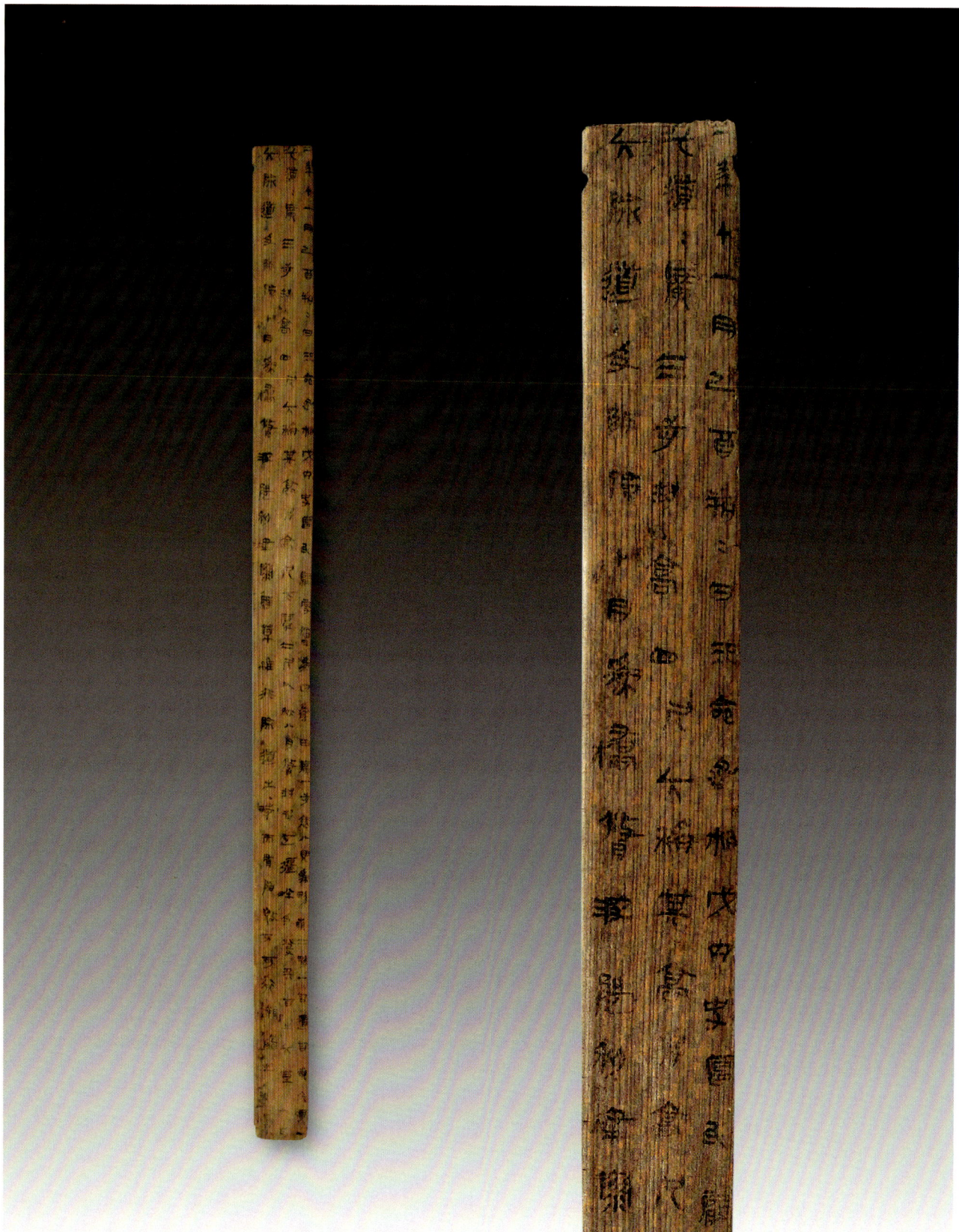

漆盒

西汉

口径 24.6、通高 16.8 厘米

2010 年荥经高山庙墓地出土

木璧

西汉
直径 24.8、内径 6.7、厚 0.7 厘米
2010 年荥经高山庙墓地出土

木博具

西汉

长 30.5、宽 22.7 厘米

2010 年荥经高山庙墓地出土

人体经脉漆俑

西汉

残高 28.1 厘米

1995 年绵阳双包山 M2 出土

漆骑马俑

西汉
高 50 厘米
1995 年绵阳双包山 M2 出土

漆骑马俑
西汉
高 50 厘米
1995 年绵阳双包山 M2 出土

唐宋时期

　　唐宋时期四川的经济、文化高度发达，在唐代有"扬一益二"之称，世界上最早使用的纸币"交子"，发行于北宋时期的成都。四川此时期的考古遗存丰富，陶瓷的窑系、石窟及摩崖造像、南宋石室墓等是极具地域特征的遗存。

　　唐宋时期的遗址考古主要体现在城市考古和小城镇、村落遗址考古两个方面。城市考古以成都市及周边区域的城镇考古收获较为重要。近几年为配合大型基本建设而进行了众多的唐宋时期遗址的发掘，如为配合成绵乐客运专线建设，对绵阳市的青霞坝遗址、羊河村遗址、太白村遗址、眉山市的肖家碥遗址等十余处遗址进行了发掘。这些发掘资料为研究四川村落的民居布局、小城镇和村落经济研究等有着重要价值。

　　唐宋时期墓葬遗存的发现状况较为特殊，其中隋唐时期墓葬的发现屈指可数，而宋代墓葬的发现则较为丰富。隋唐墓葬仅在成都的梁家巷、三台县、汉源县、新津县、大邑县、青神县、松潘县等地有少量发现，墓葬常见为砖室墓和小型土坑墓两种形制，部分墓葬出土有明确纪年的墓砖或钱币。2009 年三台县后底山崖墓群发掘了

15 座隋代崖墓、汉源县桃坪遗址发掘了 7 座唐代土坑墓是近年隋唐墓葬考古的重要材料。五代时期四川先后为前蜀和后蜀割据。先后发掘清理的该时期重要墓葬有宋琳墓（1957 年）、后蜀孟知祥和其妻福庆长公主墓（1971 年）、前蜀晋晖墓（1974 年）等。这批墓葬的发掘清理为研究五代的蜀国墓葬制度、陵园建筑等提供了重要的实物资料。

宋代墓葬在四川发现丰富，可分为砖室墓和石室墓两大类。前者主要分布在川西平原，后者主要分布于川东、川南的丘陵和山区地带。石室墓常被后期盗扰，墓室用石材构筑，许多墓室中都有精美的雕刻，雕刻内容有武士、家庭生活画面、四神图像等。已发掘的彭山县虞公著夫妇墓、华蓥市安丙家族墓地、泸县宋墓、井研宋墓等是较具代表性的宋代石室墓。宋墓中常见随葬石质或砖质买地券或道教的镇墓券的现象，是研究当时历史和道教史极具价值的资料。1980 年在西昌市小庙乡清理了大理国时期的火葬墓 18 座。是四川境内迄今仅见的大理国时期的墓葬遗存。

唐宋时期窑址的发掘是四川唐宋考古的重要内容之一。唐宋时期四川瓷业生产进入了高峰期，发现的窑址遍布四川各地。唐代窑址以邛崃市十方堂邛窑遗址和成都市青羊宫窑址最具代表性，窑址以烧造日常生活用具的青瓷为主。宋代除宋以前的瓷窑继续生产外，始烧于宋的窑址有广元市瓷窑铺窑、达州市瓷铺窑、乐山的西坝窑等最为重要。瓷器的釉色上除传统青釉外，白釉和黑釉瓷异军突起。

宋代窖藏在成都平原及其周边、川北地区等都有发现，共发现有 30 余处，大型窖藏发现有成百上千件器物。窖藏主要集中在成都、绵阳、德阳、遂宁市等地，以南宋时期的窖藏为主。1959 年发掘的德阳市孝泉银器窖藏、1984 年发掘的资中县鹤林村铁钱窖藏、2002 年清理的峨眉山钱币窖藏等，都为研究宋代经济、战争史等提供了重要资料。

四川石窟及摩崖造像相当丰富，除部分造像为南北朝和隋代造像外，其他绝大多数为唐宋造像。同时多批珍贵佛教文物的出土，填补了不少宗教艺术史上的空白。

瓷玩球小孩俑

唐
高 6.8 厘米
1986 年邛崃十方堂遗址出土

青瓷四系罐

隋

口径 5.6、底径 4、高 11.7 厘米

2009 年三台后底山崖墓出土

黑釉瓷带盖双耳罐

南宋
口径 11、腹径 15.6、足径 7.7、通高 18.1 厘米
1996 年广元瓷窑铺窑址出土

天府的宝图——四川省文物考古研究院 60 年出土文物选粹

158

酱釉玳瑁纹瓷荷叶盖罐

南宋

口径 8、腹径 16.2、足径 7.5、通高 18.7 厘米

1996 年广元瓷窑铺窑址出土

瓷四系罐

宋

口径 16.8、底径 16、高 38.6 厘米

2006 年汉源桃坪墓地出土

黑釉瓷罐

宋

口径 10.2、底径 8.3、高 18.4 厘米

2012 年广元田湾墓地出土

邛窑"临邛"瓷杯

唐
口径 9.15、高 6.6 厘米
1985 年邛崃十方堂遗址出土

邛窑"临邛"瓷杯

黑釉瓷杯

北宋

口径 10.5、底径 3.5、高 6.4 厘米

2008 年乐山西坝窑遗址出土

影青瓷杯

南宋
口径 8.7、底径 4.9、高 6.9 厘米
1972 年什邡窖藏出土

青瓷杯

南宋

口径 7.2、底径 3.8、高 5.8 厘米

2010 年屏山石柱地遗址出土

黑釉瓜棱瓷执壶

南宋
口径 4.6、腹径 10.2、底径 6.1、高 15.2 厘米
2001 年华蓥永兴镇宋墓出土

白釉瓜棱瓷执壶

南宋
口径 6.8、底径 8.4、高 23 厘米
2012 年南溪长顺坡墓地出土

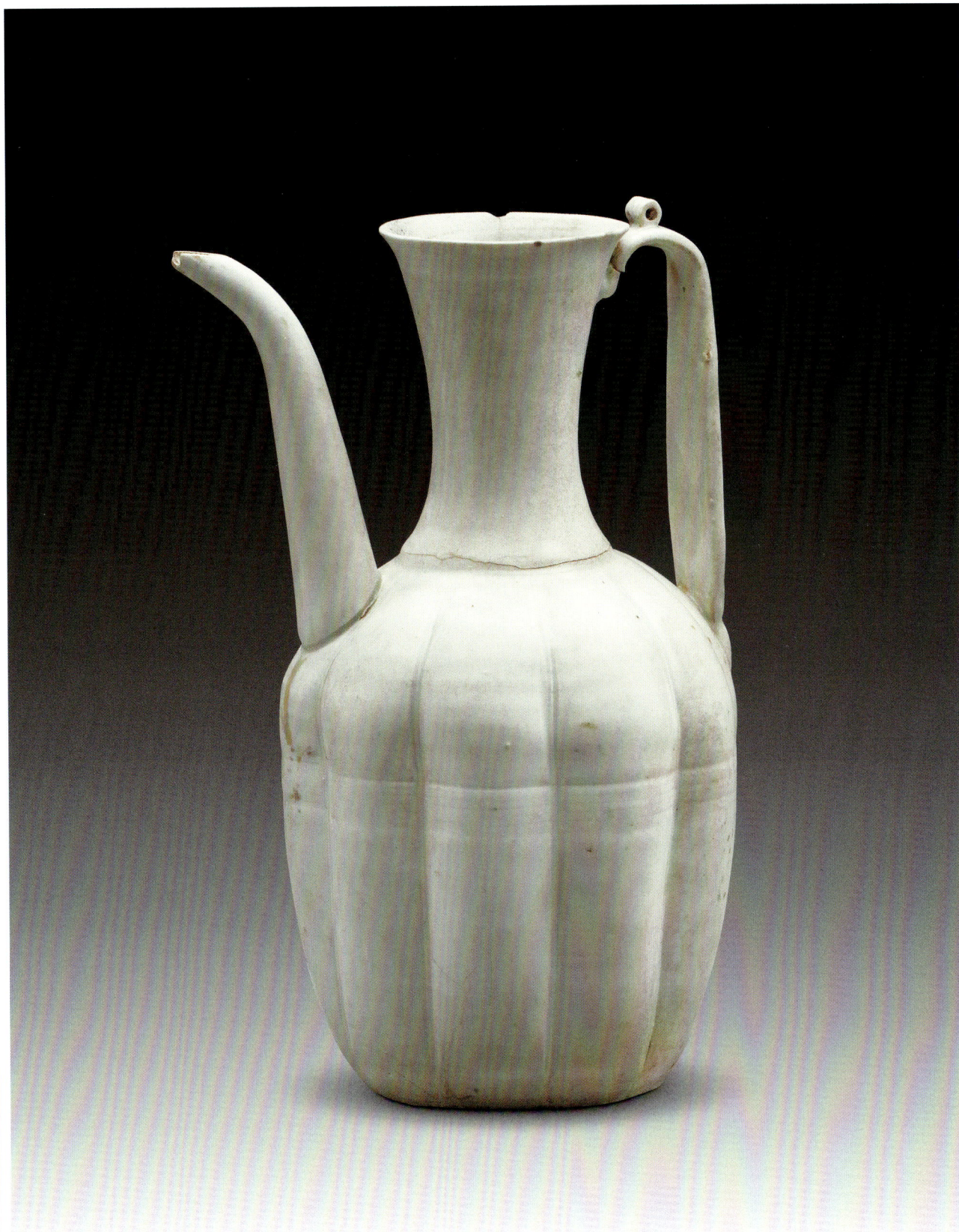

黑釉瓷瓶

南宋
口径 5.5、底径 5.1、高 13.4 厘米
2008 年乐山西坝窑遗址出土

白瓷碟

南宋

口径 10.8、底径 4.2、高 2.1 厘米

2012 年南溪长顺坡墓地出土

瓷碗

南宋

口径 12.3、底径 5、高 6.9 厘米

2012 年南溪长顺坡墓地出土

瓷碗

南宋

口径 10.9、底径 3、高 5.3 厘米

2012 年南溪长顺坡墓地出土

瓷碗

南宋
口径 14、底径 4.1、高 4.8 厘米
2009 年汉源桃坪墓地出土

龙泉窑五管瓷花插

南宋

口径 14.5、足径 9.7、高 4.2 厘米

1974 年简阳东溪园艺场出土

金发簪

北宋

长 3、宽 2.4 厘米

2007 年彭山正华村宋墓出土

荷叶形金碗

宋

口径 9、高 4.8 厘米

1975 年洪雅五星大队出土

带柄双凤菊花莲蓬纹铜镜

南宋

直径 11.6、柄长 9.85 厘米

2008 年井研金井坪宋墓出土

童子玉坠

南宋

宽 2.7、高 6.8、厚 2 厘米

1996 年华蓥安丙家族墓出土

瓷武士俑

唐

高 47.5 厘米

1979 年万县附马坟唐墓出土

石观音菩萨头像

唐

高 41 厘米

1954 年成都万佛寺遗址出土

武士浮雕石刻

南宋

石刻宽 58、残高 187 厘米　人像连座高 162 厘米

2001 年泸县牛滩镇宋墓出土

武士浮雕石刻

南宋
石刻宽 60、残高 160 厘米　人像连座高 126 厘米
2001 年泸县牛滩镇宋墓出土

飞天图石刻

南宋
宽 138、高 26 厘米
2001 年泸县石桥镇宋墓出土

三彩戏说俑

南宋

长 11、宽 9.7、通高 27.3 厘米

1996 年华蓥安丙家族墓出土

三彩俯听俑

南宋

长 25.6、高 8.3 厘米

1996 年华蓥安丙家族墓出土

三彩蹲坐女俑

南宋

通高 21 厘米

1996 年华蓥安丙家族墓出土

三彩庖厨俑

南宋
通高 28.2 厘米
1996 年华蓥安丙家族墓出土

陶男坐俑

北宋

底座高 6、宽 24、通高 58 厘米

2007 年彭山正华村宋墓出土

陶双人牵马俑

北宋
宽 20、长 21、通高 27 厘米
2007 年彭山正华村宋墓出土

陶双人俯地俑

北宋

身长 31、宽 7.5，女头高 13.5、男头高 14 厘米

2007 年彭山正华村宋墓出土

瓷人首鸡身俑

唐

高 9.2、底径 7 厘米

1979 年万县附马坟唐墓出土

陶牛

北宋

长 55、宽 20、高 46 厘米

2007 年彭山正华村宋墓出土

三彩白虎俑

南宋
长 57.5、高 42.6 厘米
1996 年华蓥安丙家族墓出土

白虎石刻

南宋

石刻宽 140、高 56，虎长 126 厘米

2001 年泸县牛滩镇宋墓出土

青龙石刻

南宋

石刻宽 92、高 44，龙纹长 89 厘米

2001 年泸县石桥镇宋墓出土

元明清时期

四川发现的元代遗存较少，目前仅发掘有墓葬十余座。主要发现于成都西郊、华阳镇、青白江区、广汉市和简阳市等地。墓葬结构有石板墓、砖室结构墓和砖室墓三种形制。这批元墓的发掘，为研究元代历史、墓葬制度以及宋、明墓葬制度的承接关系提供了可靠的资料。

四川明代墓葬以石室墓为主，各地均普遍有发现，部分墓葬墓室壁上有雕刻图像。明蜀王陵是成都地区最大的明墓群。经发掘的蜀王陵有朱悦爄墓、僖王陵、昭王陵等。在成都市的城东净居寺、胜利公社、前进机器厂，城南红牌楼、衣冠庙；城西三座坟，城北白马寺、五块石等地区发掘了一批明代蜀王府太监墓葬。墓葬中常见有墓志或者买地券。平武县王玺家族墓地（1974 年）、剑阁县兵部尚书赵炳然夫妇墓（1979 年）、宜宾县郭成夫妇墓 (1999 年)、宜宾市周洪谟墓（2013 年）等墓葬的发掘也是明代墓葬考古发掘的重要发现。

明清时期酿酒作坊遗址的发掘是四川明清时期考古的一个特殊遗存内容。1999 年成都市水井街酒坊遗址、2006 年宜宾五粮液作坊遗存、2007 年射洪泰

安作坊遗址和 2011 年宜宾糟坊头遗址的发掘，发现有明代晾堂、酒窖遗迹及大量的瓷酒器，确认为明代酿酒作坊遗址。2004 年发掘的剑南春天益老号酒坊遗址，展现了传统酿酒工艺的完整流程。这批遗存的发掘极大地丰富中国传统酒文化研究的内容，填补了中国古代酒坊遗址、酿酒工艺等方面的考古空白。

2009 年至 2012 年，在屏山县新安镇、楼东乡展开了对明清时期遗址的小街子遗址、大树枝遗址、平夷长官司遗址等遗址的大规模发掘。清理出了建筑基址、街道、墓葬、灰坑、稻田等大量遗迹和数千件青花瓷小件、各类质地的器物 。这批考古发掘开启了四川地区明清时期小城镇、村落遗址考古的先例，极大拓展了历史时期考古研究的内容。同时四川地区启动了清代墓葬墓碑形制、碑文内容等清墓综合性课题研究，也将成为明清时期考古内容拓展的一个新的尝试。

青花瓷香炉构件

元
耳长 39、足高 16.8 厘米
2006 年芦山乐坝村窖藏出土

青花瓷莲鹤纹素狮纽熏炉

明嘉靖

腹径 23、高 39.4 厘米

1969 年成都东郊明代墓葬出土

青花瓷松竹人物图香炉

明弘治
口径 18.2、高 11.3 厘米
1969 年成都五块石明墓出土

青花瓷龙纹扁壶

明宣德
口径 6.5、底径 9.2、高 22.5 厘米
1969 年成都东郊明墓出土

"八仙过海" 青花瓷梅瓶

明成化~弘治

口径 6.3、底径 12.7、高 38 厘米

1954 年成都衣冠庙明墓出土

珐华瓷双耳瓶

明嘉靖

口径 5.5、底径 11.5、高 45.4 厘米

1963 年成都外东静居寺明墓出土

天府佰宝图——四川省文物考古研究院 60 年出土文物选粹

206

彩瓷梅瓶

明景泰
底径 10、高 30.5 厘米
1974 年平武王玺家族墓出土

彩瓷梅瓶

青花瓷人物罐

明景泰

口径 21.8、底径 22.6、高 47.8 厘米

1954 年成都衣冠庙明墓出土

青花瓷盖罐

明
口径 5.8、底径 6、带盖高 15 厘米
2010 年广安大石头梁子明墓出土

青花瓷盖罐

青花瓷盖罐

明

口径 5.8、底径 6.6、带盖高 15.1 厘米

2010 年广安大石头梁子明墓出土

青花瓷盘

明

口径 13.1、底径 8.4、高 2.7 厘米

2012 年屏山平夷长官司遗址出土

青花瓷盘

明

口径 13.7、底径 8、高 2.4 厘米

2012 年屏山平夷长官司遗址出土

青花瓷灵芝花卉碗

清

口径 17.8、底径 7.4、高 8.3 厘米

2011 年屏山大树枝遗址出土

青花瓷缠枝莲纹碗

清嘉庆
口径 21.6、底径 9.2、高 8 厘米
2013 年平昌圈井墓地出土

釉陶品酒杯

清
口径 2.8、足径 2、高 1.4 厘米
2007 年射洪泰安作坊遗址出土

石墓志

明

长 26.8、宽 23.4、厚 1.9 厘米

2011 年南充明墓出土

金后钿

明

长 18.8、高 6.3 厘米

1974 年平武王玺家族墓出土

金前钿

明

长 10.6、高 8.5 厘米

1974 年平武王玺家族墓出土

金后铟

明

长 18.4、高 8.35 厘米

1974 年平武王玺家族墓出土

四川省文物考古研究院
60 年考古调查、发掘大事记

1953 年

5 月　四川省文物管理委员会成立，下设办公室负责日常工作。

　　　与西南博物院联合开展成都羊子山遗址发掘工作。

1954 年

6 月　昭化宝轮院船棺墓群第一次发掘。

7 月　巴县冬笋坝战国墓地第一次发掘。

10 月　成都青羊宫遗址第一次发掘。

11 月　巴县冬笋坝战国墓地第二次发掘。

1955 年

3 月　成都羊子山遗址发掘。

6 月　巴县冬笋坝战国墓地第三次发掘。

8 月　宜宾市翠屏村汉墓发掘。

10 月　新繁县东汉画像砖墓发掘。

　　　四川官渠堰唐、宋、明墓群发掘。

1956 年

2 月　内昆铁路沿线文物调查。

4 月　四川华阳北宋墓清理。

10 月 成都东山灌溉渠宋代遗址及墓葬发掘。

　　　成都新繁水观音遗址考古调查。

11 月 成都洪家包西汉木椁墓发掘。

1957 年

2 月 　成都新繁水观音遗址第一次发掘。

3 月 　川东长江沿岸考古调查，发现巫山大溪遗址和忠县干井沟遗址。

11 月 成都牧马山灌溉渠古代墓葬发掘。

　　　与四川省博物馆合署办公。

　　　开展四川省第一次文物普查工作。

　　　新繁青白江东汉墓葬发掘。

1958 年

5 月 　举办文物干部培训班。

7 月 　与四川大学历史系组成联合考古队，对巫山大溪遗址第一次考古发掘。

10 月 长江三峡水库库区考古调查。

12 月 成都北郊凤凰山西汉木椁墓抢救性发掘。

1959 年

7 月 　与四川大学历史系组成联合考古队，对忠县㽏井沟遗址进行试掘。

　　　彭县竹瓦街西周铜器窖藏发掘。

　　　巫山大溪遗址第二次发掘。

1960 年

10 月 《四川船棺葬发掘报告》出版发行。

1962 年

郫县宋家村东汉砖室墓发掘。

郫县太平寺三国砖室墓发掘。

1963 年

与四川大学历史系组成联合考古队，对三星堆遗址进行试掘。

1964 年

鉴定宜宾五粮液酒厂酒窖。

1965 年

2 月　成都百花潭中学战国墓群发掘。

1966 年

2 月　成都市昭觉寺东汉画像砖室墓发掘。

4 月　成都犀浦东汉砖室墓抢救性发掘。

1970 年

4 月　与中国社会科学院考古研究所联合发掘成都凤凰山明代朱悦燫墓。

1971 年

与成都市文物管理处联合发掘后蜀皇帝孟知祥墓（和陵）。

1972 年

10 月　涪陵小田溪战国土坑墓群第一次发掘。

汉源县大树公社狮子山新石器时代遗址调查。

彭县双江镇东汉墓抢救性发掘。

1973 年

10 月　洪雅县宋墓发掘。

12 月　成都市西郊战国土坑墓抢救性发掘。

　　　　大邑县马王坟东汉墓发掘。

1974 年

5 月　　五代前蜀晋晖墓发掘。

7 月　　宜宾珙县僰人悬棺调查。

11 月　西昌礼州遗址第一次发掘。

1975 年

10 月　巫山大溪遗址第三次发掘。

　　　　西昌高枧塘窑址发掘。

　　　　与成都市文物管理处联合发掘成都土桥曾家包东汉画像砖室墓。

1976 年

2 月　　绵竹县清道乡船棺墓抢救性发掘。

　　　　西昌礼州遗址第二次发掘。

10 月　西昌礼州遗址第三次发掘。

1977 年

10 月　犍为县战国土坑墓发掘。

1978 年

4 月　　与中国社会科学院考古研究所联合，第二次发掘成都凤凰山明代朱悦燫墓。

8 月　　万县驸马坟唐代砖室墓发掘。

9 月　绵竹县清道乡西汉木板墓抢救性发掘。

　　　　宜宾珙县僰人悬棺第一次发掘。

1979 年

2 月　青川县郝家坪战国土坑墓群发掘。

7 月　剑阁县明代兵部尚书赵炳然墓发掘。

8 月　开展为期三年的大渡河流域考古调查。

11 月　成都石羊场西汉木椁墓抢救性发掘。

　　　　蒲江县五星镇宋墓发掘。

　　　　阿坝州茂汶县石棺葬墓地发掘。

1980 年

1 月　广元宋代石室墓发掘。

3 月　新都马家战国大型木椁墓发掘。

11 月　广汉三星堆遗址第一次发掘。

12 月　资阳鲤鱼桥旧石器地点发掘。

　　　　涪陵小田溪战国土坑墓群墓第二次发掘。

　　　　宜宾珙县僰人悬棺第二次发掘。

1981 年

5 月　忠县涂井沟蜀汉崖墓发掘。

9 月　荥经县水井坎沟崖墓发掘。

10 月　荥经县曾家沟战国墓群第一次发掘。

　　　　蒲江县战国土坑墓发掘。

1982 年

3 月　崇庆县五道渠蜀汉墓发掘。

　　　　荥经县曾家沟战国墓群第二次发掘。

4 月　涪陵西汉土坑墓抢救性发掘。

　　　大邑县五龙战国土坑墓发掘。

7 月　彭山县南宋虞公著夫妇合葬墓发掘。

11 月　涪陵黄溪东汉崖墓发掘。

　　　广汉三星堆遗址第二次发掘。

1983 年

6 月　荥经县战国土坑竖穴木椁墓发掘。

7 月　资阳内燃机厂东汉墓群抢救性发掘。

　　　广汉县南门"雒城遗址"抢救性发掘。

1984 年

3 月　邛崃县什邡堂邛窑遗址发掘。

　　　广汉三星堆遗址第三次发掘。

5 月　甘孜州炉霍县卡莎湖石棺墓发掘。

7 月　广汉县西门"雒城遗址"抢救性发掘。

10 月　广汉三星堆遗址第四次发掘。

12 月　宜宾珙县僰人悬棺第三次发掘。

1985 年

3 月　宝兴县陇东乡东汉墓群发掘。

4 月　彭山县江口崖墓群发掘。

9 月　雅安沙溪遗址第一次抢救性发掘。

10 月　与成都市博物馆联合发掘成都成汉大型砖室墓。

11 月　荥经县同心村巴蜀船棺墓抢救性发掘。

　　　巫山县境内长江段及大宁河两岸古遗址调查。

12 月　三峡水库淹没区海拔 150 米以下区域考古调查。

　　　与成都市博物馆联合发掘成都十二桥遗址。

1986 年

3 月　雅安沙溪遗址第二次抢救性发掘。

6 月　开展四川境内第二次全国文物普查工作。

新都、彭县境内濛阳河、青白江流域考古调查。

与四川大学考古教研室联合，对三星堆遗址进行第五次发掘。

7 月　广汉三星堆遗址一号、二号祭祀坑抢救性发掘（三星堆遗址第六次发掘）。

1987 年

5 月　广汉境内石亭江、绵远河沿岸考古调查。

10 月　三星堆遗址真武村仓包包祭祀坑及附近区域进行考古调查勘探。

12 月　三星堆遗址工作站成立。

1988 年

8 月　什邡县城关战国秦汉墓群抢救性发掘。

9 月　邛崃县固驿镇瓦窑山瓷窑遗址发掘。

11 月　广汉、什邡、彭县境内鸭子河和马牧河流域考古调查。

广汉三星堆遗址第七次发掘，确认三星堆土埂为人工堆筑的城墙。

1989 年

4 月　彭水水电站淹没区的考古调查。

9 月　阆中县坪上商周遗址发掘。

10 月　甘孜州丹巴县中路乡罕额依遗址发掘。

11 月　巴中县月亮岩遗址和通江县擂鼓寨遗址考古调查。

广汉三星堆遗址第八次发掘，确认东城墙。

1990 年

11 月　忠县中坝遗址试掘。

12 月　通江县擂鼓寨遗址发掘。

1991 年

2 月　三星堆遗址考古发掘被评为"七五"期间全国十大考古新发现。

5 月　广汉三星堆遗址第九次发掘，确认了西城墙。

1992 年

4 月　三峡库区的涪陵、黔江、万县地区 12 个市、县考古调查。

6 月　三峡库区淹没区丰都县第一次考古调查。

7 月　完成《三峡库区四川境内文物保护规划大纲》。

11 月　三峡库区巫山县刘家坝遗址试掘。

　　　国家文物局三峡工程文物保护领导小组四川工作站成立。

1993 年

4 月　四川什邡县马井木椁墓发掘。

6 月　三峡库区淹没区丰都县第二次考古调查。

10 月　三峡库区丰都汇南西汉——六朝墓群发掘。

　　　三峡库区涪陵小田溪 9 号墓发掘。

　　　三峡库区万县武陵镇麻柳沱遗址发掘。

11 月　二滩水电站淹没区考古调查。

1994 年

6 月　三峡库区淹没区丰都县第三次考古调查。

8 月　完成《四川省丰都县三峡工程淹没区地下文物保护规划报告》，并提交国家文物局。

10 月　完成《丰都县三峡工程淹没区调查报告》。

　　　三星堆遗址第十次发掘，确认南城墙。

1995 年

2 月　绵阳市永兴乡双包山二号西汉木椁墓发掘。

　　　昭化宝轮院船棺墓群第二次发掘。

3 月　与吉林大学合作第三次发掘奉节老关庙遗址。

4 月　达成铁路沿线考古调查。

5 月　达成铁路南充东站古墓群抢救性发掘。

8 月　广汉二龙岗战国晚期至宋代墓群发掘。

　　　国道 108（四川）沿线考古调查、勘探。

1996 年

3 月　广汉市辜家包宋代墓群抢救性发掘。

4 月　华蓥市南宋安丙家族墓地发掘。

7 月　广元市瓷窑铺遗址抢救性发掘。

11 月　广汉市罗家包东汉画像砖室墓抢救性发掘。

　　　《四川考古论文集》出版发行。

　　　《四川考古报告集》出版发行。

　　　赵殿增著《战国青铜器全集(巴蜀卷)》获四川省第七次哲学社会科学优秀成果三等奖。

1997 年

2 月　与中国文物研究所联合开展三峡水库工程淹没区多处石刻的拓片工作。

4 月　华蓥南宋安丙家族墓地发掘被评为 1996 年全国十大考古新发现。

　　　与日本早稻田大学合作开展三星堆环境考古。

7 月　仁胜村墓地发掘，是广汉三星堆遗址第十一次发掘。

8 月　二滩水电站淹没区盐边县西牛村土坑墓地发掘。

12 月　三峡水库淹没区忠县中坝遗址第一次发掘。

1998 年

4 月　三峡水库淹没区丰都汇南墓群发掘。

11 月　三峡水库淹没区忠县中坝遗址第二次发掘。

1999 年

1 月　三峡水库淹没区丰都汇南墓群发掘。

3 月　与成都市考古所联合发掘成都水井街明清酒坊遗址。

4 月　忠县中坝遗址发掘被评为 1998 年全国十大考古新发现。

《三星堆祭祀坑》出版发行。

9 月　达州市宣汉县普光乡罗家坝遗址第一次发掘。

三峡水库淹没区忠县中坝遗址第三次发掘。

广汉三星堆遗址第十二次发掘，确认月亮湾土埂为城墙。

11 月　四川华蓥安丙家族墓地发掘获国家文物局颁发的 1996 — 1998 年度田野考古三等奖。

2000 年

5 月　成都水井街明清酒坊遗址发掘被评为 1999 年全国十大考古新发现。

泸定县冷碛镇甘露寺村唐代砖室墓抢救性发掘。

嘉陵江流域四川境内考古调查。

7 月　雅安市芦山县"姜城"遗址发掘。

9 月　金筠铁路——珙县付家坝东汉崖墓抢救性发掘。

三峡巫山小三峡水泥厂墓地发掘。

10 月　三峡水库淹没区忠县中坝遗址第四次发掘。

12 月　广汉三星堆遗址第十三次发掘。

2001 年

4 月　宣汉县罗家坝遗址勘察测绘。

10 月　三峡水库淹没区忠县中坝遗址第五次发掘。

11 月　都江堰紫坪铺水库淹没区文物调查。

《三星堆祭祀坑》获四川省第九次哲学社会科学优秀成果一等奖。

2002 年

3 月　三峡水库淹没区忠县中坝遗址第六次发掘。

5 月　三台县郪江崖墓群发掘。

8 月　联合日本奈良丝绸之路研究所国际交流财团进行"四川省南方丝绸之路"的考古调查。

　　　峨眉山市宋代钱币、瓷器窖藏发掘。

9 月　与成都市考古所联合进行泸县宋墓抢救性发掘。

　　　中江县塔梁子汉代崖墓抢救性发掘。

10 月　渠江流域 6 县区域的考古调查。

11 月　宝兴县硗碛水库淹没区考古调查。

2003 年

3 月　宣汉县罗家坝遗址第二次发掘。

　　　陈显丹等著《三星堆奥秘》获四川省第十次哲学社会科学优秀成果三等奖。

4 月　绵竹剑南春"天益老号"酒坊遗址第一次发掘。

5 月　宝兴县硗碛水库淹没区发掘。

6 月　向家坝水电站淹没区考古调查。

7 月　西攀高速公路考古调查。

10 月　汶川县姜维城遗址发掘。

2004 年

2 月　广汉市烟堆子遗址发掘。

3 月　凉山州锦屏水电站淹没区考古调查。

　　　广汉市高骈圆觉枣子坟墓地抢救性发掘。

4 月　瀑布沟水电站淹没区内汉源县大地头遗址发掘。拉开了瀑布沟水电站淹没区文物保

　　　护工程考古发掘工作的序幕。

5 月　瀑布沟水电站淹没区汉源县桃坪遗址第一次发掘。

　　　瀑布沟水电站淹没区石棉县永和墓地发掘。

　　　西攀高速公路——德昌毛家坎遗址、王家田遗址发掘。

7月　联合日本奈良丝绸之路研究所国际交流财团进行"四川省南方丝绸之路"第二次实地
　　考古调查。
　　西攀高速公路——西昌洼垴大石墓发掘。
8月　绵竹剑南春"天益老号"酒坊遗址第二次发掘。
10月　四川省文物考古研究所正式改名为四川省文物考古研究院。
　　《泸县宋墓》出版发行。

2005 年

1月　举办首届"考古科普学术活动日",拉开了每年一次的"考古科普学术活动日"序幕。
　　石棉县龙头石水库淹没区考古调查。
3月　渠县城坝遗址第一次发掘。
4月　绵竹剑南春酒坊遗址被评为2004年全国十大考古新发现。
　　三星堆遗址第十四次发掘,在青关山发现大型夯土建筑基址。
　　甘孜州乡城县石棺葬墓群发掘。
7月　与故宫博物院合作,深入康巴地区进行"穿越横断山脉"民族考古综合调查。
8月　甘孜州石渠县吐蕃时期照阿拉姆石刻调查。

2006 年

1月　启动《广汉三星堆——1980~2000年田野考古发掘报告》整理及编写工作。
2月　与南京大学合作开展"三峡地区典型遗址和自然沉积剖面的环境考古"项目研究。
3月　广元——巴中高速公路考古调查。
　　岷江中下游、沱江流域21个市县考古调查。
4月　瀑布沟水电站淹没区石棉县三星遗址发掘。
　　瀑布沟水电站淹没区汉源县桃坪遗址第二次发掘。
　　《绵阳双包山汉墓》出版发行。
　　我院首批院长科研基金课题项目正式启动。
5月　瀑布沟水电站淹没区汉源县麦坪遗址第一次发掘。
　　瀑布沟水电站淹没区汉源县麻家山遗址发掘。

6 月　南水北调工程河南南阳邓州市朱营墓地、孙河遗址发掘。

9 月　向家坝水电站——淹没区（四川）地下文物第三次考古调查。

　　　瀑布沟水电站淹没区汉源县麦坪遗址第二次发掘。

　　　《什邡城关战国秦汉墓地》出版发行。

11 月　四川省文物考古研究院、陕西省文物考古研究院、越南国家历史博物馆联合发掘越南永福省永祥县义理遗址。这是我院首次进行的国外考古项目。

　　　瀑布沟水电站淹没区汉源县姜家屋基遗址、摆鱼村遗址、金钟山遗址、背后山遗址等大规模发掘。

　　　《安宁河流域大石墓》出版发行。

　　　《泸县宋墓》被评为 2004 年全国文博考古十佳图书。

12 月　《巴蜀埋珍—四川五十年抢救性考古发掘纪事》出版发行。

2007 年

4 月　凉山州木里县俄亚大村民族考古综合调查。

　　　瀑布沟水电站淹没区汉源县金钟山遗址第二次发掘。

　　　《泸县宋墓》获四川省第十二次哲学社会科学优秀成果三等奖。

5 月　射洪泰安作坊遗址考古发掘。

　　　自贡市沿滩区汉代崖墓群抢救性发掘。

　　　与故宫博物院合作，开展"乾隆大小金川战役"考察。

6 月　龙头石水库淹没区石棉县海耳遗址发掘。

　　　宣汉罗家坝遗址第三次发掘。

　　　《什邡城关战国秦汉墓地》被评为 2006 年全国文博考古十佳图书。

7 月　乐至县石佛镇宋代石室墓群抢救发掘。

8 月　五粮液"长发升"酒坊遗址发掘。

10 月　瀑布沟水电站淹没区汉源县麦坪遗址第三次发掘。

　　　泸州老窖酒坊遗址发掘。

　　　绵阳地区古代宗教摩崖造像田野调查。

2008 年

1 月 《华蓥安丙墓》出版发行。

《中江塔梁子崖墓》出版发行。

麦坪遗址发掘成果入选中国社会科学院 2007 年考古学论坛。

2 月 乐宜高速公路——西坝窑遗址发掘。

3 月 广甘高速公路四川段考古调查。

川黔高速公路考古调查。

4 月 瀑布沟水电站淹没区汉源县麦坪遗址第五次发掘。

5 月 瀑布沟水电站淹没区汉源县龙王庙遗址发掘。

6 月 雅泸高速公路——石棉县大堡子战国遗址发掘。

7 月 雅泸高速公路——汉源富贤遗址发掘。

泸定水电站淹没区小咱里遗址发掘。

8 月 中石油宣汉县周家梁净化厂——周家梁遗址发掘。

雅泸高速公路——五里遗址发掘。

9 月 《穿越横断山脉——走进俄亚》出版发行。

与故宫博物院合作，深入康巴地区进行"穿越横断山脉川藏南线民族考古综合考察"。

联合日本九州大学对炉霍县宴尔龙遗址进行发掘。

12 月 《射洪泰安作坊遗址》出版发行。

2009 年

2 月 《三台郪江崖墓》获四川省第十三次哲学社会科学优秀成果三等奖。

《什邡城关战国秦汉墓地》获四川省第十三次哲学社会科学优秀成果三等奖。

4 月 《成都十二桥》出版发行。

5 月 什邡市桂圆桥遗址发掘。

绵阳市磨家镇小横山子墓地发掘。

6 月 向家坝水电站淹没区屏山县叫化岩遗址第一次发掘。拉开了向家坝水电站淹没区文物保护工程考古发掘工作的序幕。

成绵乐铁路客运专线考古调查。

《四川安岳卧佛院——唐代刻经窟》出版发行。

7月　灾后重建——茂县城关粮站石棺葬墓地发掘。

瀑布沟水电站淹没区麦坪遗址、桃坪遗址、龙王庙遗址、大地头遗址等大规模发掘。

9月　联合日本九州大学对炉霍县呷拉宗遗址进行考古发掘。

11月　《中国文物地图集·四川分册》首发式在成都举行。

成绵乐铁路客运专线——绵阳桐子梁崖墓群、沙坪山崖墓群，广汉瓦店遗址、米家梁子崖墓群等数十个文物点大规模发掘。

2010 年

1月　雅安市荥经县古城村高山庙西汉墓地发掘。

2月　联合四川大学考古系，对瀑布沟水电站淹没区汉源县麦坪遗址进行第八次发掘。

3月　灾后重建——青川县乔庄初中综合楼工地古墓群发掘。

4月　联合中国国家博物馆进行五尺道综合考察。

中石油万源铁山坡净化厂——赵家岭遗址发掘。

5月　向家坝水电站淹没区屏山县石柱地遗址及墓地第一次发掘。

甘孜州石渠县吐蕃石刻群调查。

6月　由我院主办、三星堆博物馆协办的"三星堆进校园"大型公益讲座分别在广汉市和宜宾市正式启动。

向家坝水电站淹没区屏山县沙坝墓地发掘。

瀑布沟水电站淹没区考古成果汇报会。

7月　简阳市龙垭旧石器时代遗址发掘。

成绵乐铁路客运专线眉山——峨眉段考古调查。

成渝铁路客运专线资阳——内江段考古调查。

8月　夹江千佛岩摩崖造像田野调查。

9月　乐自高速公路考古调查。

向家坝水电站淹没区屏山县小街子遗址第一次发掘。

联合日本九州大学对雅江县呷拉遗址进行发掘。

《绵阳龛窟——四川绵阳古代造像调查研究报告集》出版发行。

11月　向家坝水电站淹没区屏山县石柱地遗址及墓地第二次发掘。

《中国文物地图集·四川分册》获四川省第十四次哲学社会科学优秀成果一等奖。

《成都十二桥》获四川省第十四次哲学社会科学优秀成果二等奖。

乐雅高速公路——乐山市大田村崖墓群发掘。

成德南高速公路——射洪县擦耳岩崖墓发掘。

12月 成绵乐铁路客运专线——眉山肖家碥唐宋遗址发掘。

2011 年

2月 宜宾市喜捷槽坊头酒坊遗址发掘。

3月 成渝铁路客运专线——资中县大包山宋代墓地发掘。

成绵乐铁路客运专线——乐山市双塘崖墓群发掘。

向家坝水电站淹没区屏山县石柱地遗址及墓地第三次发掘。

4月 向家坝水电站淹没区屏山县小街子遗址第二次发掘。

中石油中卫～贵阳联络线工程——阆中市郑家坝遗址发掘。

6月 《2008年穿越横断山脉——川藏南线民族考古综合考察》出版发行。

8月 指南针计划——"槽坊头酿酒遗址和'泰安作坊'酒坊遗址的价值挖掘与展示研究"项目立项。

9月 《三星堆遗址2011——2015年度考古工作规划》开始实施，完成三星堆遗址航拍、地形图测绘。

绰斯甲水电站——金川县刘家寨遗址第一次发掘。

11月 向家坝水电站淹没区石柱地遗址发掘，经国家文物局组织专家组检查，获得优秀。

正式启动"茶马古道（雅安段）保护规划"工作。

三星堆周边遗址群考古调查。

12月 《2010年穿越横断山脉——寻踪五尺道》出版发行。

2012 年

1月 兰渝铁路建设工程发掘。

赴越南开展越南义理遗址考古发掘资料的整理工作。

编制完成《蜀道资源及其保护利用课题研究报告》，随即展开了蜀道资源的相关考古调查工作。

2月 向家坝水电站淹没区屏山县石柱地遗址及墓地第四次发掘。

3月 自贡市玛瑙村宋代墓地抢救性发掘。

向家坝水电站淹没区屏山骆家沟遗址发掘。

"指南针计划"——酒坊遗址考古调查。

4 月　宜宾石柱地遗址发掘被评为 2011 年全国十大考古新发现。

茶马古道雅安段考古调查。

泸定县伞岗坪战国墓地抢救性发掘。

绵遂高速公路沿线文物点发掘。

5 月　绰斯甲水电站——金川县刘家寨遗址第二次发掘。

宜宾市南溪区长顺坡墓地抢救性发掘。

安岳县卧佛院龛前建筑遗址发掘。

锦屏水电站淹没区考古发掘。

向家坝水电站淹没区屏山县龙秧遗址、斑竹林遗址发掘。

巴中"米仓道"调查。

6 月　三星堆遗址周边遗址群——新药铺遗址发掘。

7 月　向家坝水电站淹没区屏山县平夷长官司衙署遗址等文物点发掘。

成都第二绕城高速公路东段沿线考古调查。

8 月　乐雅高速——乐山市肖坝崖墓第二次发掘。

《夹江千佛岩——四川夹江千佛岩古代摩崖造像考古调查报告》出版发行。

10 月　三星堆遗址北部、东南部 3 平方公里考古勘探。

亭子口水电站淹没区第一次发掘。

巴南广高速公路考古调查。

12 月　三星堆遗址青关山大型建筑基址第二次发掘。

梓潼县西坝遗址发掘。

《险行米仓道》出版发行。

2013 年

3 月　溪洛渡水电站淹没区发掘。

亭子口水电站淹没区第二次发掘。

4 月　金川刘家寨遗址发掘被评为 2012 年度全国十大考古新发现。

兰成铁路——什邡市星星村遗址发掘。

5月　成都第二绕城高速公路——广汉市狮象村遗址发掘。

平昌县圈井碗墓抢救性发掘。

西成铁路沿线发掘。

6月　乐山大佛及周边区域文物考古调查。

兰成铁路——什邡市金桥村遗址发掘。

成都第二绕城高速公路——广汉落经村墓地发掘。

7月　泸州云龙机场建设区发掘。

宜宾市明代礼部尚书周洪谟墓抢救性发掘。

8月　沐川县金王寺水库淹没区发掘。

兰成铁路——广汉瓦店遗址等发掘。

巴达铁路——沙滩子遗址、李家桥遗址发掘。

9月　成彭大道——彭山县圆宝山墓地发掘。

成贵铁路客运专线考古调查。

后 记

　　本书是为了纪念四川省文物考古研究院成立 60 周年而出版的，也是为了表达对 60 年来为四川考古事业辛勤付出的人们的敬意。

　　四川省文物考古研究院 60 年来发掘出土了数十万件文物标本，要从数十万件标本器物中编选 200 件文物，是一件非常艰难的工作。为此，我们聘请考古院的前辈作为本书顾问，经编委、顾问多次讨论商定，本书在编选文物时遵守三个原则：学术性、观赏性和地域性。学术性的考虑需要涵盖四川考古从旧石器时代到明清时期的整个历史阶段，着力选择在各个历史阶段四川不同区域内重要遗址的极富时代特征、极具研究价值的代表性器物，并尽可能涵盖四川不同地区出土的器物。出于观赏性的考虑，各阶段都存在着重要的文物标本因不能兼顾而不得不割舍的情况。同时，由于早期文物资料分散各地，收集不易，本书所收以 20 世纪 90 年代以后的新发现居多，致使部分重要文物未能收入此书，十分遗憾！

　　60 年来，很多考古发掘出土文物现收藏在四川博物院和市县各级博物馆、文管所，在本书编写的过程中，各单位给予了大力支持；本书顾问朱秉璋、马家郁、赵殿增、肖宗弟、李昭和、王鲁茂等先生在本书的编选过程中付出了大量心血；四川大学宋治民、林向、马继贤，武侯祠博物馆罗开玉等先生在器物的选择上给予了很多的指导帮助，在此向他们表示深深的感谢！

　　特别要感谢四川省文物管理局王琼局长、濮新副局长、何振华处长对本书编辑出版的关心和支持，尤其王琼局长百忙之际拨冗致序，为本书添辉增色。

　　高大伦院长策划并指导本书的编选工作，并拟定书名；本书史前时期主要由陈苇编选，商周时期、秦汉至南北朝时期主要由陈卫东编选，唐宋时期、元明清时期、大事记主要由刘化石编选；文物摄影工作主要由江聪完成；资料的编辑、制作等工作由考古队全体人员共同完成，在此一并表示感谢！

　　由于时间仓促，加之编者的学识水平有限，虽经反复甄选，但未必能全面反映 60 年来的考古成果，难免存在错漏之处，敬请读者批评指正。

编　者

2013 年 9 月